내 사람도
적으로 만드는
말실수

내 사람도
적으로 만드는
말실수

전창현 지음

일에일북

말실수를 줄이면
인생이 달라진다

'관태기'라는 말이 있다. '관계'와 '권태기'를 합성한 신조어로 새로운 사람과 관계를 맺는 데 권태를 느끼는 현상을 말한다. 최근에는 관계를 맺고 유지하는 일에 관심이 없거나 기피하는 현대인들이 늘어나고 있다. SNS의 발달로 가상의 세계에서는 관계를 맺고 끊는 일이 쉬워졌지만 정작 현실에서는 인간관계에 대한 스트레스로 어려움을 겪는다.

새로운 사람과 좋은 관계를 형성하기 위해서는 한마디 말로써 공감대를 형성하는 게 매우 중요한데, 결코 쉬운 일은 아니다. 자칫 부담을 느껴 말실수라도 하게 되면 오히려 관계가 틀어져버릴 수 있기 때문이다. 말의 유창함을 떠나서 누구나 실수로 내뱉은 말 한마디로 의도하지 않은 '사고'를 당한 경험이 있을 것이다.

 필자는 어렸을 때부터 소극적이고 소심한 데다 목소리도 매우 작고 말수도 적었다. 그래서일까? 누군가와 대화를 나눌 때면 말을 자주 더듬고 두서도 없었다. 특히 학교에서 발표를 하는 시간이 가장 두려웠다. 반에 있던 모든 사람들의 시선이 필자에게 모이면 가슴이 두근거려서 식은땀이 나고 목소리도 떨렸다. 횡설수설하며 의도하지 않은 실언을 할 때도 있었다. 그럴 때면 자존감이 한없이 낮아졌다.
 말하는 데 두려움이 있었기 때문에 무대공포증과 대인기피증에 시달렸고, 되도록 낯선 사람들 앞에서 입을 열어야 하는 자리는 피하려고 노력했다. 하지만 사회생활을 하면 할수록 낯선 공간에서 낯선 사람들을 앞에 두고 말해야 하는 상황이 많아졌고, 그럴 때마다 도망칠 수도 없는 노릇이었다. 어쩌다 떠밀려서 시작한 첫 강의는 정말 말실수의 향연이었다. 머릿속이 백지상태가 되어서 얼굴은 창백하게 얼어붙었고, 무언가 계속 떠들고는 있는데 스스로도 무슨 말을 하고 있는지 알 수 없었다. 시선은 자꾸 청중을 피해 시계로 향했다. 사례로 든 주인공의 이름을 잘못 발음하는 초보적인 실수까지 연발했고 사람들의 표정은 점점 굳어졌다.

강의를 마친 뒤, 스스로에게 실망도 많이 하고 부족한 준비에 대한 후회도 밀려왔다. 그래서 다시는 이런 '실수'를 하지 않겠다고 다짐했다. 그때 찾은 방법이 바로 '말실수노트'였다. 시험 공부를 할 때 오답노트를 작성해본 경험은 누구나 있을 것이다. 오답노트는 틀린 문제를 적는 노트를 말하는데, 문제를 틀린 이유를 정확하게 이해하기 위해 오답노트를 작성한다. 오답노트를 통해 자신이 어떤 실수를 했는지, 어느 부분을 몰랐는지, 더 자세히 알아둬야 할 사항은 무엇인지 스스로 체크하는 습관을 가지면 비슷한 문제를 틀릴 확률이 크게 줄어든다.

필자는 그때부터 성공적인 말하기를 위해 말실수노트를 작성했다. 어느 부분에서 말실수를 했는지 해당 단어나 문장을 떠올려서 적고, 왜 그러한 말실수가 나왔는지 구체적인 이유도 함께

내 사람도 적으로 만드는 말실수

적었다. 앞으로 말실수를 예방하기 위해 해야 할 노력에 대해 고민하고 동시에 적극적으로 원인을 분석한 것이다. 오답노트가 틀린 문제를 다시 틀리지 않게 해주듯이 말실수노트를 통해 같은 말실수를 다시 반복하지 않을 수 있었다.

예를 들어 "FMRI라는 첨단장비를 이용해 얼굴 표정을 인식하는 실험을 했습니다. MRI라는 장비는 많이 들어보셨을 텐데, FMRI에서 앞에 붙은 'F'는 '얼굴Face'을 의미합니다."라는 말을 했을 때, 여기서 말실수는 '기능적 자기 공명 영상FMRI ; Functional Magnetic Resonance Imaging'에서 앞 글자 'F'가 어떤 단어의 약어인지 잘못 설명한 것이다. 말실수노트에 해당 문장을 적고 "얼굴 표정을 인식하는 실험에서 나온 첨단장비였기 때문에 FMRI에서의 'F'가 얼굴을 뜻하는 'Face'일 것이라고 잘못 생각했다."라는 식으로 말실수가 나온 이유를 적는다. 그다음 앞으로 예방하기 위해 해야 할 일로 "모르는 용어는 추정하지 말고 정확한 사전적 의미와 함께 무엇의 약자인지 확인하고 정보를 제공하자."라고 적는다.

이렇게 말실수를 줄이기 위해 말실수노트를 작성하다 보니 스스로의 취약점을 파악할 수 있었고, 문제점을 객관적으로 바라

지은의 말

볼 수 있었다. 연습을 통해 보완을 하니 말하기에 대한 두려움도 점차 사라졌다. 무대공포증과 대인공포증도 자연스레 극복되어 타인과 관계를 맺고 유지하는 일도 수월해졌다. 낯선 곳에서 낯선 사람들을 만나도 이제는 준비된 자신감으로 목소리에 힘을 실어 또박또박 하고 싶은 말을 할 수 있게 됐다. 말실수만 줄였을 뿐인데 인생이 달라진 것이다.

말실수를 줄이면 논리적으로 설득력 있게 말할 수 있으며, 상대방의 입장을 고려하는 공감하는 말하기도 수월해진다. 실제로 말실수를 줄이니 비즈니스뿐만 아니라 일상에서도 변화가 찾아왔다. 말을 할 때 한 번 더 생각하는 습관이 생겼고, 중요한 자리일수록 불현듯 찾아오는 사고처럼 말실수가 항상 자신의 입 주변에 도사리고 있다는 것을 염두에 두었기에 결코 방심하지 않게 됐다. 그러자 남편과의 관계, 가족과의 관계, 지인과의 관계, 비즈니스에서의 관계가 좋아져 스트레스가 줄고 매일매일이 행복해졌다. 정말 인생을 바꾼 작은 변화였다.

이제는 낯선 곳에서 낯선 사람을 만나는 일이 즐거운 일상이 되었다. 사람들 앞에 당당히 설 수 있게 되었다. 말실수를 줄이

면 인생이 달라진다. 이 책을 통해 여러분도 놀라운 변화를 체험

할 수 있기를 바란다.

전창현

1장

우리는 왜
말실수를 할까?

말은 내면의 심리를
반영한다

감추고 싶은 속마음이 무의식중에 입 밖으로 튀어나오는 것을 '프로이트의 말실수'라고 한다. 끊임없이 내면을 다스리려는 노력이 필요한 이유다.

두 아들이 있다. 어머니는 첫째 아들이 새벽 2시가 되도록 밖에 있다 돌아오자 이렇게 말했다.

"어휴, 너는 왜 허구한 날 그 모양이니?"

어머니의 핀잔에 첫째 아들은 마음이 상해 대답도 하지 않은 채 휙 자신의 방으로 들어갔다. 얼마 지나지 않아 둘째 아들이 집에 들어왔다.

"다녀왔습니다."

"아이고, 이제 왔니? 우리 아들! 오늘도 일이 많았구나. 얼른 들어가서 쉬렴."

"네, 어머니."

똑같은 상황이지만 두 아들을 대하는 어머니의 태도는 말투에서부터 확연히 차이가 난다. 오히려 둘째 아들이 더 늦게 집에 들어왔는데도 어머니의 말투는 첫째 아들을 대할 때보다 더 따뜻하다. 왜 다른 것일까? 어머니는 평소 첫째 아들의 행동이 마음에 들지 않았다. 그래서 어머니의 불편한 속마음이 말로 표현된 것이다. 반면 둘째 아들에 대한 어머니의 말에는 '인정'과 '신뢰'가 담겨 있다. 속마음은 내색하려 하지 않아도 자연스럽게 말로써 드러난다.

감추고 싶은 속마음이 무의식중에 입 밖으로 튀어나오는 것을 '프로이트의 말실수Freudian slip'라고 한다. 프로이트의 말실수란 의도하지 않게 속마음을 들켜버리는 말을 하는 것을 뜻하는데, 지그문트 프로이트Sigmund Freud는 이를 억압된 무의식이 의식에 개입해서 발생하는 사고로 보았다. 우리가 평소에 자주 저지르는 말실수는 보통 이렇게 남에게 감추고 싶은 생각을 무의

둘째 아들에 대한 어머니의 말에는 '인정'과 '신뢰'가 담겨 있다.
속마음은 내색하려 하지 않아도 자연스럽게 말로써 드러난다.

식중에 밖으로 드러내는 데서 시작된다. 프로이트는 이를 두고 억눌러야 할 생각이 입 밖으로 표출됨으로써 난처한 지경에 이르는 것이라고 해석했다.

드러나면 곤란해지는 말이 제멋대로 마음속에서 튀어나와 말실수가 된다는 뜻인데, 결국 누구도 말실수에서 자유로울 수 없다는 뜻과 같다. 속마음, 즉 개인의 의식 상태에 따라 입에서 나오는 말이 달라지면서 관계를 망칠 수도 있는 것이다.

인생태도에 따라
말과 행동도 달라진다

심리학에서 많이 쓰이는 교류분석의 창시자 에릭 번Eric Berne은 속마음에 따라 인생태도도 4가지로 나뉜다고 설명한다. 사람들은 저마다 다른 인생태도를 가지고 있는데 자신과 타인에 대한 관점에 근거해 크게 4가지로 정리할 수 있다.

'자기긍정형'은 자신에 대해 긍정적으로 생각하는 유형이며, 반대로 자신에 대해 부정적으로 생각하는 유형은 '자기부정형'

▲ 에릭 번의 4가지 인생태도

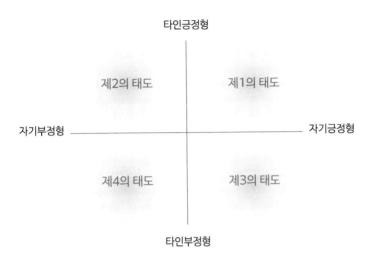

이다. '타인긍정형'은 타인과 세상에 대해 긍정적으로 생각하는 유형이고, 반대로 '타인부정형'은 타인과 세상에 대해 부정적으로 생각하는 유형이다. 이러한 4가지 관점으로 4가지 인생태도를 설명할 수 있다.

　자기긍정형과 타인긍정형의 영역에 위치한 '제1의 태도'는 서로 상생하고 협력하는 유형으로 자신뿐만 아니라 타인에게도 좋은 에너지를 주는 기분 좋은 말투와 언어를 사용한다. 제1의 태도를 가진 사람은 자신과 타인을 격려하고 감사의 표현을 자주 사용한다.

'제2의 태도'는 자기부정형과 타인긍정형의 영역으로, 문제 상황을 회피하려 하는 경향이 있으며 타인과 자신을 자주 비교해서 자신감이 결여되어 있다. 자책하고 후회하는 말투와 언어를 사용한다.

'제3의 태도'는 자기긍정형과 타인부정형의 영역으로, 문제 상황에서 독선적이고 배타적이며 이기적인 모습을 보인다. 남을 억압하고 무시하며 자신의 주장만 고집하는 경향이 있고, 타인의 말을 들으려고 하지 않는다. 타인에게 상처를 주는 말투와 언어를 사용한다.

'제4의 태도'는 자기부정형과 타인부정형의 영역으로, 문제 상황에서 어찌할 바를 모르는 모습을 보이며 자주 자포자기한다. 남에게 상처를 받고 또 자신도 남에게 상처를 주는 악순환이 이어지거나, 어떠한 시도도 하지 않는 허무주의적인 태도를 보인다.

에릭 번의 4가지 인생태도를 바탕으로 스스로를 되돌아보자. 자신은 어떤 영역에 속해 있고, 스스로에 대해 어떤 관점을 갖고

내 사람도 적으로 만드는 말실수

있는가? 우리 내면의 심리가 어떻게 작용하느냐에 따라 똑같은 상황이라도 말과 행동이 다르게 나온다. 자신과 타인에 대해 긍정적인 사람은 자신감이 넘치며 말하기를 즐기고 여유를 부릴 수 있다. 하지만 자기 자신에게 부정적인 사람은 제2의 태도와 제4의 태도를 지니고 있어 말해야 하는 상황을 회피하거나 어찌할 바를 모르는 모습을 보인다. 자신감이 떨어지니 무슨 말을 해야 할지도 모르겠고 타인과의 대화가 공포의 순간이 된다. 이러한 경향이 심해지면 대인기피증, 무대공포증을 앓을 수도 있다.

　말은 내면의 심리를 반영한다. 그래서 말실수를 줄이기 위해서는 자신과 타인을 바라보는 관점을 긍정적으로 만들어야 한다. 올바른 인생태도가 자리 잡을 수 있도록 끊임없이 내면을 다스리려는 노력이 필요한 이유다.

입으로 드러나는
마음의 상처

영화 〈오베라는 남자〉에서 왜 오베는 거친 말투로 상대를 볼아붙이는 걸까? 마음의 상처가 입으로 드러났기 때문이다.

2016년에 개봉한 스웨덴 영화 〈오베라는 남자〉에는 주인공 오베의 삶이 고스란히 담겨 있다. 어느 날 오베는 누군가에게 줄 꽃 1묶음을 골라 계산대에 올려놓는다. 점원이 싱긋 웃으며 가격을 알려준다.

"50크로나예요."

"무슨 소리야? 35크로나잖아!"

오베는 꽃 2묶음을 70크로나에 판매한다는 쿠폰을 보여주며 화를 냈다. 2묶음에 70크로나니까 1묶음은 그 반값인 35크로나라는 계산이었다.

"2묶음을 사야 그 가격에 드려요."

"난 1묶음만 사고 싶다고! 계산도 못해? 70의 반은 35잖아!"

"1묶음의 가격은 50크로나고, 그 쿠폰은 2묶음을 70크로나에 드리는 거예요."

"이게 말이 돼?"

결국 오베는 씩씩 화를 내며 2묶음을 구입한다. 오베는 계속 투덜거리며 어디론가 걸음을 재촉한다. 그는 비석 앞에 꽃다발을 놓으며 혼잣말을 하다 집으로 향한다. 이번에는 다른 누군가가 인사를 건넨다.

"안녕하세요, 오베. 별일 없으시죠?"

"남의 일에 무슨 상관이야! 별일 있을 게 뭐가 있어? 쓸데없는 참견 말고 할 일이나 해!"

오베의 말투는 매우 거칠고 까칠하며 무섭다. 그에게는 모든 사람들이 바보, 멍청이일 뿐이다. 오베는 고집불통이며 세상에 불평불만이 많다. 왜 거친 말투로 상대를 몰아붙이는 걸까? 오베는 원래부터 나쁜 사람이었을까?

오베는 아내를 무척이나 사랑했다. 그녀와의 첫 만남을 잊지 못하고 두 번째, 세 번째 만남을 위해 노력한 결과 결국 결혼까지 할 수 있었다. 그런데 그런 그녀가 6개월 전 암으로 세상을 떠났다. 그리고 엎친 데 덮친 격으로 43년 동안 다닌 직장에서 하루아침에 해고를 당했다.

오베의 마음은 상처투성이가 됐다. 그래서 닫힌 마음이 입으로 드러나 거친 말을 쏟아낸다. 늘 폭언에 가까운 말실수를 되풀이했고, 이웃들은 그를 '노망난 노인'이라고 불렀다.

오베처럼 마음에 입은 상처는 쉽게 치유되지 않는다. 그래서 마음이 스스로 치유될 때까지 기다리지 못하고 상처를 빨리 덮고 가리기 위해 애쓸 때가 많다. 특히 나에게 중요한 사람이나 중요하다고 느끼는 부분에서 상처가 생기면 그것은 강력한 정신적 충격, 이른바 트라우마trauma가 된다.

작가 데이비드 스콧David Scott은 "상처가 오래되면 분노로 발전하는 법이다."라고 했다. 마음속에 상처와 분노가 쌓이면 애정과 존경은 설 자리를 잃는다. 그래서 마음의 상처를 회피하기보다 상처와 직접 마주할 수 있는 용기가 필요하다. 그 용기의 시

내 사람도 적으로 만드는 말실수

마음에 입은 상처는 쉽게 치유되지 않는다.
상처와 분노가 쌓이면 애정과 존경은 설 자리를 잃는다.

작은 마음의 상처를 함께 있는 상대에게 털어놓는 것이다. 교황 요한 바오로 2세Joannes Paulus II는 "닫힌 마음이 가장 끔찍한 감옥이다."라고 했다. 처음에는 마음의 상처를 드러내는 일이 힘들겠지만 시도해보면 마음이 뻥 뚫리는 기분이 들고 누군가 내 편이 됐다는 안도감이 생길 것이다.

오베 역시 영화 종반부에는 사람들에게 마음을 열기 시작했다. 고양이에게는 좋은 친구가 되었고, 이웃의 아이들에게는 따뜻한 할아버지가 되었으며, 그토록 원망하고 앙숙이었던 친구와도 눈빛을 교환하며 화해한다. 닫힌 마음을 활짝 열게 된 오베는 웃으며 이렇게 말한다.

"사는 게 이런 거구나!"

마음의 상처가 치유되면 세상과 사람을 대하는 관점이 부드러워진다. 닫힌 마음으로 오롯이 마음의 고통을 혼자 감당해야 했는데, 친구가 생기고 응원해주는 사람이 생기면 자연스레 마음의 상처도 치유된다. 더 이상 사람도 세상도 적이 아니라는 걸 깨닫게 된다. 그런 깨달음이 있기 전까지는 누구도 믿을 수 없다는 방어기제가 생기면서 말도 거칠어지고 험해진다.

내 사람도 적으로 만드는 말실수

마음의 상처로 힘들 때일수록 누군가가 먼저 다가와서 도와주길 기다리지 말고 먼저 마음을 열고 다가가보자. 그리고 마음의 상처를 더 이상 꽁꽁 싸매지 말고 누군가에게 털어놓으려는 시도를 해보자. 조금씩 상처가 아물고 치유되면서 입에서 튀어나오던 실언도 줄고, 말투 역시 매력적으로 변하게 될 것이다.

말실수를 부르는
성급한 판단의 오류

마음을 자분히 가라앉히고 자신의 생각과 상대방의 입장에 대한 생각을 정리해서
말하는 습관을 가지면 성급한 판단의 오류를 줄일 수 있다.

점심 약속이 있어 약속 장소에 가기 위해 건물 안으로 걸어가
고 있었다. 그때 저 멀리 앞서 걸어가는 사람이 눈에 띄었다. 걸
음걸이와 키, 옷차림이 딱 봐도 필자의 친언니였다. 반가운 마
음에 "언니!"라고 외치며 달려가는데, 아뿔싸 다른 사람이었
다. "죄송합니다."라는 한마디와 함께 민망함에 고개도 들지 못
하고 얼른 자리를 피할 수밖에 없었다. 친언니의 겉모습과 비슷
한 사람을 보고 착각한 것이다.

'착각錯覺'은 '섞일 착'과 '깨달을 각'이 합쳐진 말이다. 어떤 사물이나 사실을 실제와 다르게 지각하거나 생각하는 것을 의미한다. 우리가 눈으로 보고 귀로 들은 것이 실제로는 비슷한 모습, 비슷한 소리일 수도 있으며, 그동안의 경험을 통해 머릿속에 저장된 고정관념이 착각을 하게 만드는 요인일 수 있다.

백화점에서 옷을 둘러보던 한 중년의 남성이 상품의 가격을 물었다. 그러자 점원의 시선이 질문을 한 중년의 옷차림으로 향했다. 중년의 남성은 허름한 옷을 입은 채 수염이 덥수룩한 상태였다. "비싸요."라고 점원이 퉁명스럽게 대꾸한다.

하지만 허름한 차림의 남성은 수백억 원의 재산을 보유한 자산가였다. 점원은 남자가 다른 매장에서 고가의 옷을 구입하고 쇼핑백을 들고 나오는 모습을 발견하고는 뒤늦게 후회한다. 점원은 겉모습만 보고 수백억 원의 자산가를 노숙자라고 판단해 말실수를 했고, 그것이 상대의 기분을 언짢게 만들어 발걸음을 돌리게 했다.

우리 주변에는 언제나 착각을 불러일으킬 만한 상황과 위험들이 도사리고 있다. 영화나 공연을 끝까지 꼭 챙겨봐야 하는 이유는 결말을 알 수 없기 때문이다. 어떤 관점에서 어떻게 보느냐에 따라 결말을 착각할 수 있고, 생각지도 못한 반전이 기다리고 있을 수 있다. 영화를 제대로 이해하기 위해서는 도입 부분만이 아니라 처음부터 끝까지 전체의 인과요소를 파악해야 한다. 사람과 사람 사이의 관계도 마찬가지다. 그래서 정확하게 알기 진까지는 성급한 판단은 금물이다.

성급한 판단의 위험성, 공자와 안회 이야기

공자孔子가 제자들과 함께 채나라로 가던 도중 있었던 일이다. 공자 일행은 양식이 떨어져 채소만 먹으며 일주일을 버텼다. 긴 여정에 지친 그들은 어느 마을에서 잠시 쉬어 가기로 했다. 그 사이 공자가 깜빡 잠이 들었는데 제자인 안회顏回가 쌀을 구해와 밥을 지었다.

밥이 다 될 무렵 공자가 잠에서 깨어났다. 코끝을 스치는 밥 냄새에 밖을 내다봤는데 마침 안회가 밥솥의 뚜껑을 열고 밥을 한

내 사람도 적으로 만드는 말실수

움큼 집어 먹고 있는 중이었다.

'안회는 평상시에 내가 먼저 먹지 않은 음식에는 수저도 대지 않았는데 이것이 웬일일까? 지금까지 내가 알던 안회의 모습은 거짓이었던 걸까?'

곧이어 안회가 밥상을 공자 앞에 내려놓았다. 공자는 안회를 어떻게 가르칠까 생각하다가 한 가지 방법을 떠올렸다.

"안회야, 내가 방금 꿈속에서 선친을 뵈었는데 밥이 되거든 먼저 조상에게 제사를 지내라고 하시더구나."

공자의 말에 안회가 대답했다.

"스승님, 이 밥으로는 제사를 지낼 수 없습니다. 제가 뚜껑을 연 순간 천장에서 흙덩이가 떨어졌습니다. 스승님께 드리자니 더럽고, 버리자니 아까워서 제가 그 부분을 이미 먹었습니다."

공자는 안회를 의심한 것을 후회하며 다른 제자들에게 이렇게 말했다.

"예전에 나는 나의 눈을 믿었다. 그러나 나의 눈도 완전히 믿을 것이 못 되는구나. 예전에 나는 나의 머리를 믿었다. 그러나 나의 머리 역시 완전히 믿을 것이 못 되는구나. 너희들은 알아두거라. 한 사람을 이해한다는 건 진정으로 어려운 일이라는 것을 말이다.”

『공자가어孔子家語』에 수록된 공자와 안회의 이야기에서 알 수 있듯이 공자는 단편적인 판단으로 그토록 아끼던 제자 안회를 의심하고 오해할 뻔했다. 만약 성급한 판단으로 말실수를 저질렀다면 그를 따르던 제자의 숭고한 마음은 깊은 상처를 받았을 것이다.

순간적으로 어떤 말이 튀어나올 때가 있다. 마음이 급하고 상황이 급하기 때문이다. 작가 스콧 피츠제럴드Scott Fitzgerald는 “최고의 지적능력은 동시에 반대되는 2가지 생각을 할 수 있는지 여부로 판단된다.”라고 했다. 마음을 차분히 가라앉히고 자신의 생각과 상대방의 입장에 대한 생각을 정리해서 말하는 습관을 가지면 성급한 판단의 오류를 줄일 수 있다.

내 사람도 적으로 만드는 말실수

자신의 생각과 상대방의 입장에 대한 생각을 정리해서
말하는 습관을 가지면 성급한 판단의 오류를 줄일 수 있다.

상대의 마음을 함부로
예단하지 말자

한 가지만 보고 온전히 상대를 파악하기란 어렵다. 상대방과 대화를 나눌 때는 예
단하는 습관을 버려야 한다.

연말 시상식이 열리는 12월 마지막 날, 멋진 드레스와 턱시도를
입은 배우들이 한자리에 모였다. 한 사람씩 수상자가 호명될 때
마다 뜨거운 박수가 이어지고 분위기는 점점 고조됐다. 그때 배
우들 사이에서 점퍼 차림에 다소 덥수룩한 행색의 남자 배우가
카메라에 잡힌다. 사회자가 이야기한다.

"스태프인 줄 알았어요."

배우의 표정은 딱딱하게 굳었다. 시청자 게시판과 SNS에서는 그 순간까지 힘들게 촬영을 하고 온 배우에게 사회자가 심한 모욕감을 주었다는 의견이 많았고, 사회자는 공개적으로 잘못을 시인했다. 하지만 여론은 쉽게 수그러들지 않았다.

기분 좋은 날, 웃자고 농담 삼아 던진 말에 상대 배우와 시청자들의 마음이 상해버렸다. 해당 배우는 촬영 때문에 시상식에 참석하기 어려운 상황이었지만 시청자들을 생각하며 참석해 자리를 빛내준 것이었다. 시간이 없어 턱시도로 갈아입지는 못했지만 참석하기 위해 최선을 다했는데 그런 말을 들으니 기분이 좋을 리 없었다. 사회자는 분위기를 끌어올리려는 좋은 의도였겠지만 결과적으로 찬물만 끼얹은 셈이 되었다.

말을 할 때 상대의 마음을 함부로 예단豫斷하는 것은 좋지 않다. 한 가지만 보고 온전히 상대를 파악하기란 어렵다. 상대가 어떤 느낌이고 어떤 상황인지는 이야기를 나눠보기 전에는 정확히 알 수 없다. 상대를 예단해 표현한 말이 긍정적이라면 그나마 낫겠지만, 지적하거나 폄하하는 등 부정적인 표현이라면 상대는 다시는 당신을 만나고 싶지 않게 된다.

상대가 어떤 느낌이고 어떤 상황인지는
이야기를 나눠보기 전에는 정확히 알 수 없다.

함부로 예단하는
습관을 버리자

필자가 어느 세미나에 참석했을 때의 일이다. 참석한 사람들끼리 서로 명함을 주고받으며 인사를 나누고 강연도 듣는 즐거운 시간이었다. 점심식사를 마치고 함께 차를 마시는데 한 참석자가 다른 참석자에게 말을 건넸다.

"실례지만 나이가 어떻게 되시는지요?"

"31세입니다."

"저는 40세입니다."

"저보다 나이가 어리신 줄 알았습니다."

"그런 것 같아서 여쭤봤습니다. 아까부터 저한테 계속 반말을 하시더라고요."

"아, 정말 죄송합니다."

순간 정적이 흘렀다. 나이가 더 어린 참석자가 사과를 하고 잘 마무리되었지만 이미 나이가 많은 참석자의 마음은 상처를 받은 후였다. 나이가 어려 보인다고 해도, 설사 실제 나이가 더 어리다고 해도 초면에 반말을 하는 것은 상대에게 큰 실례가 될 수

우리는 왜 말실수를 할까?

있다. 겉모습만 보고 '어리니까 괜찮아.', '순진해 보이니까 괜찮아.'라고 단편적으로 생각하기 때문에 나올 수 있는 대표적인 잘못된 행동이다.

일본 전국시대를 호령한 도요토미 히데요시豊臣秀吉의 일화를 살펴보자. 히데요시가 오다와라성을 공격한 1590년 3월, 20만 명의 대군 속에서 사무라이들의 활약은 대단했다. 그중에서도 가장 용맹한 사무라이 2명이 히데요시의 눈길을 사로잡았는데, 전투가 끝난 후 히데요시는 전령을 보내 두 사무라이의 이름을 알아오도록 했다.

전령은 그들의 뒤를 쫓아가 등 뒤에서 성과 이름을 알려달라고 외쳤다. 하지만 두 용사는 그대로 서서 잠시 전령의 얼굴을 쳐다봤을 뿐 한마디도 하지 않고 사라졌다. 전령은 하는 수 없이 되돌아와 그대로 보고했다. 히데요시는 바로 되물었다.

"말에서 내렸는가?"

전령은 두 용사에 대해 묻는 것이라 생각하고, 사무라이들이 말에서 내리지 않고 대꾸도 하지 않았다고 비난했다. 그러자 히데요시는 전령에게 이렇게 말했다.

내 사람도 적으로 만드는 말실수

"네가 말에서 내렸느냐고 묻는 것이다. 말에서 내리지 않은 채 이름을 물어봤겠지? 그렇기 때문에 상대방은 대꾸도 하지 않은 것이다. 전투 직전에는 아무리 신불神佛의 앞이라도 말에서 내리지 않는다고 하지 않느냐. 무사에게 무언가를 물을 때는 먼저 자기부터 말에서 내려라. 그것이 무사의 작법作法이다. 다시 한 번 예를 다해 묻고 오거라."

전령은 자신의 무지를 부끄러워하며 다시 급히 두 사무라이의 뒤를 쫓았다. 이번엔 이름을 묻기 전에 정중하게 말에서 내렸다. 그리고 공손하게 두 사람의 성과 이름을 물었다. 그러자 두 사람은 흔쾌히 성과 이름을 말해주었다. 그들은 코바야카와 가문의 이름난 무사였다.

전령은 자신이 영리하고 직급이 어느 정도 있는 사무라이였기 때문에 '나 정도의 사무라이가 이름을 물어보면 당연히 바로 대답할 것이다.'라고 생각했다. 그래서 말에 탄 채 등 뒤에서 궁금한 것을 외쳐도 괜찮다고 판단했다. 하지만 예상과 달리 상대는 응답조차 하지 않았다. 뒤늦게 깨달음을 얻은 전령이 말에서 내려 예를 갖춰 이름을 물었을 때는 곧바로 대답을 해주었다. 이처럼 상대방과 대화를 나눌 때는 예단하는 습관을 버려야 한다. 항상 예를 갖추고 성의를 다해서 상대방의 입장을 고려하고, 노력을 통해 좋은 말하기 습관을 훈련한다면 선부른 예단으로 일어나는 말실수를 줄일 수 있다.

내 마음속에 저장된
잘못된 말습관

마음속에 저장되어 습관적으로 튀어나오는 잘못된 말습관을 찾고 교정하는 일은
매우 중요하다. 순간순간 잘못된 말습관이 없었는지 체크해보자.

중학교 시절, 필자가 가장 싫어하는 과목은 국사였다. 국사 시간
만 되면 잠이 쏟아져 끝까지 버티기가 힘들었다. 하지만 선생님
의 말 한마디로 그런 마음이 달라졌다.

어느 날 선생님께서 시험 점수 이야기를 하셨다.

"왜 이렇게 점수가 낮게 나왔니?"

"원래 국사는 잘 못해요."

고개를 숙인 채 자신감 없이 나온 대답이었다. 그런데 선생님

은 필자의 이름을 한 번 더 보더니 이렇게 말씀하셨다.

"원래 못하는 건 없어, 창현아. 너도 잘할 수 있어. 앞으로는 선생님이 도와줄게."

그때부터였을까? 스스로도 모르게 내뱉었던 '원래'라는 말에 대해 다시금 생각하게 되었다. '나는 원래 국사를 못한다.'라는 생각이 고정관념이라는 걸 깨달은 것이다. 그 이후 선생님은 정말로 수업 시간마다 필자와 눈을 마주치며 졸고 있는지 확인하고 수시로 발표를 하도록 유도하셨다.

그렇게 몇 달이 흘렀다. 그다음 국사 시험에서는 절대 받을 수 없을 것이라 생각한 90점을 받고 뛸 듯이 기뻐했다. 스스로에게 족쇄를 채워서 한계를 짓는 말을 왜 했는지 반성하는 계기가 되었다.

고정관념은 잘 변하지 않는 굳은 생각을 말한다. 고정관념은 어떤 문제를 지나치게 당연하게 여기기 때문에 행동에 위험한 영향을 미치는 요소다. 고정관념은 좋은 방향으로 뻗어갈 수 있는 긍정적이고 발전적인 사고를 방해하고, 부정적인 행동과 사고를 야기한다. 무의식중에 내뱉은 '원래'라는 말 또한 같

국사 선생님의 말 한마디로 고정관념을 깨달았다.
스스로에게 족쇄를 채워 한계를 지었던 것을 반성했다.

은 맥락이다. 잘못된 말습관으로 스스로 자신의 한계를 규정한 것이다.

이처럼 마음속에 저장되어 습관적으로 튀어나오는 잘못된 말습관을 찾고 교정하는 일은 매우 중요하다. 갑자기 생각하려고 하면 기억나지 않을 수 있기 때문에 말하는 순간순간 잘못된 말습관은 없었는지 확인하는 게 도움이 된다.

이제 막 사회생활을 시작한 초년생들이 가장 힘들어하는 부분 역시 그동안의 말습관을 고치는 것이라고 한다. 아기 같은 말투, 말끝을 올리거나 늘리는 습관, 불필요한 감탄사나 추임새의 남발, 불분명하게 말끝 흐리기 등 고쳐야 할 잘못된 말습관은 무수히 많다.

잘못된 말습관이
관계를 망친다

직장생활을 시작한 지 얼마 되지 않은 신입사원이 상사에게 보고서를 올렸다. 상사는 신입사원을 불러 잘못된 점을 설명해주었다.

"여기에 오타가 있네."

"음, 그럴 리가 없는데. 음, 이상하다."라고 신입사원이 나지막이 혼잣말을 했다.

"자료 다시 확인하고 검토해서 보고하도록 해. 그리고 말투가 그게 뭐야?"

"네?"

영문 모를 상사의 지적에 신입사원은 고개를 갸웃했다.

'음'과 같은 추임새는 불필요한 말버릇이다. 그리고 '그럴 리가 없는데.'는 자신의 잘못을 인정하기보다 상대의 말을 의심하는 말에 해당된다. 또 '이상하다.'와 같은 말을 혼잣말처럼 중얼거리면 상대에게 투덜대는 말로 들릴 수 있다. 지적이나 충고를 들으면 기분이 좋지 않겠지만 신입일수록 겸허히 받아들이는 태도가 중요하다.

이렇게 바꿔보면 어떨까? 상사가 오타나 다른 문제를 지적하면 "죄송합니다. 바로 수정하겠습니다."라고 대답하는 것이다. 훨씬 명료하고 깔끔하며 신뢰감이 드는 말로 느껴진다. 물론 그동안의 말습관을 한순간에 바꾸기란 매우 어렵다.

일상 속에서도 불쾌감을 주는 말습관을 가진 사람들을 종종 만날 때가 있다. '~때문에', '~만 아니었으면'을 입에 달고 사는 사람들을 예로 들 수 있다. 이는 '탓을 하는 말습관'이다. 이런 류의 사람들은 '잘 되면 제 탓, 못 되면 조상 탓'이라는 속담처럼 잘못된 일에는 항상 남을 탓한다. 하지만 문제의 근본적인 원인이 스스로에게 있을 수 있다는 것을 잊지 말아야 한다.

인도나 네팔에서 사용하는 '나마스테namaste'라는 인사말은 존중이나 경배를 뜻하는 '나마'와 상대를 뜻하는 '아스테'가 합쳐진 말이다. 즉 '당신을 존중합니다.', '당신을 경배합니다.'라는 뜻이 담겨 있다. 얼마나 아름다운 의미인가?

잘못된 말습관이 스스로를 부정적인 사람으로 만들고, 주변 사람들과의 관계를 망치는 원인이 될 수 있다. 늘 나마스테의 의미를 마음에 깊이 새기고 상대방을 대하자. 남을 탓하기보다 존중하고 존경하는 마음을 가지는 것이 중요하다. '~때문에'와 같은 탓을 하는 말습관 대신 '~덕분에'라는 따뜻하고 감사하는 말습관을 가져보자.

적재적소
센스 있게 말하는 법

'TPO'라는 말이 있다. 시간Time, 장소Place, 때Occasion의 약자로, 시간과 장소, 때에 따라 다른 옷을 착용해야 한다는 점을 강조하기 위해 나온 말이다. 우리가 사용하는 말 역시 옷을 고르는 일처럼 TPO를 적용하면 적재적소 센스 있는 말하기를 할 수 있다. 시간과 장소, 때에 따라 어떻게 말하기를 달리해야 하는지 알아보자.

시간에 따라 센스 있게 말하는 법

라디오를 들으면 시간대에 따라 음악의 분위기와 DJ의 목소리 톤에도 변화가 있음을 알 수 있다. 이처럼 목소리와 말투도 시간에 따라 변화를 주는 것이 좋다. 오전에는 상쾌한 목소리로 먼저 인사말을 건네보자. "굿모닝!", "좋은 아침입니다.", "와! 오늘 멋지시네요.", "안녕하세요!" 하루를 시작할 때 만나는 사람들에게 좋은 기운을 불어넣어줄 것이다.

낮에는 활기차게 안부를 묻는 말을 해보자. "점심식사 맛있게 하셨어요?", "어떤 거 드셨어요?" 이렇게 관심을 가지고 이야기를 나누어보는 것이다. 식사 이야기만큼 정겨운 주제도 없다. 그리고 낮에 보고를 하거나 전화통화를 할 때도 생기 있는 목소리를 활용해 강조할 부분에 임팩트를 주자. 리듬감 있게 말을 전달하는 것도 대화의 몰입도를 높이는 방법이다. 낮에는 식후 나른함이 생기고 몰입도가 떨어질 수 있는 시간이기 때문이다.

저녁에는 편안한 분위기가 느껴지는 차분한 목소리톤이 적합하다. 퇴근길에는 차분한 목소리와 응원의 메시지가 발걸음을 가볍게 한다. "오늘 하루도 고생 많으셨습니다.", "편안한 저녁 보내세요!", "바깥 날씨가 많이 쌀쌀하네요. 따뜻하게 입으셔야

할 것 같습니다.", "감기 조심하세요!", "안전 운전하세요!"라고
이야기해보자.

장소에 따라 센스 있게 말하는 법

영화관에서는 영화에 대한 스포일러spoiler를 주의해야 한다. 스
포일러란 영화, 소설, 애니메이션 등의 주요 줄거리나 내용을 관
객, 독자, 또는 누리꾼에게 미리 알려주는 것을 뜻한다. 영화가
시작하기 전이나 관람 후에 나오면서 하는 대화는 그래서 더욱
조심해야 한다. 아직 영화의 내용을 모르는 관람객들에게 피해
를 줄 수 있기 때문이다. 관람 시에는 되도록 대화를 멈추고, 불
가피하게 대화를 나눌 때는 다른 관람객들에게 방해가 되지 않
도록 작은 목소리로 짧게 끝내는 것이 좋다.

결혼식장에서는 신랑, 신부의 과거 이야기나 험담을 하지 않
도록 해야 한다. 예식장 어느 곳에든 가족과 친지들이 있다는 사
실을 염두에 두고 이런 말들은 삼가야 한다. 경사가 있는 날인만
큼 축복의 메시지를 담은 덕담과 칭찬의 말을 한다.

장례식장에서는 목소리톤을 낮추고 진심으로 위로하는 예를
갖춘 말을 한다. 부모상, 아내상, 남편상일 경우 "얼마나 애통하

십니까?", 며느리나 사위의 장례식일 경우 "얼마나 상심이 크십니까?", "참경慘景을 당해 얼마나 비통하십니까?", 형제자매의 장례식일 경우 "형님상을 당하셔서 얼마나 비감하십니까?", "동생상을 당하셔서 얼마나 비통하십니까?" 등으로 표현하면 적합하다. 모든 상황에 적용할 수 있는 "삼가 고인의 명복을 빕니다."라는 말을 같이 사용해도 된다.

면접 장소에서 면접을 볼 때는 결론부터 이야기하는 언어습관을 가지고, 명료하고 정확한 발음으로 말해야 한다. 대답할 때는 '~다.'로 마무리하는 것이 신뢰감을 줄 수 있다. 목소리의 크기는 주위 사람들에게도 잘 들릴 정도가 되어야 한다. 외운 것을 나열한다는 느낌보다는 자연스럽게 대화하는 느낌으로 시선을 맞추고 자신감 있게 말하는 것이 좋다. 그러기 위해서는 평소 신문이나 책을 큰소리로 읽는 것이 도움이 되며, 자신의 말하는 모습을 녹화해서 모니터링을 하는 게 좋다.

때에 따라 센스 있게 말하는 법

어디에서든 사용할 수 있는 자기소개를 준비한다. 한 가지를 기본으로 준비하고, 유행을 고려해 때에 맞게 바꾸는 센스까지 겸

비한다면 금상첨화다. 그리고 스피치의 기본 순서를 익히고 적용하면 논리적으로 말하는 데 도움이 된다. 스피치의 기본 순서는 크게 오프닝, 본론, 클로징, 마무리 인사로 나뉜다.

오프닝(관심 유발, 자기소개 및 인사, 말하기 주제 예고) → 본론 → 클로징(요약정리, 동기 부여, 도전의식 고취) → 마무리 인사

주어진 시간에 맞게 스피치 기본 순서의 분량을 구성하면 훨씬 센스 있게 말할 수 있다. 만약 주어진 시간이 10분이라면 오프닝은 전체 시간의 10~15%, 즉 1분에서 1분 30초 정도가 적당하며, 본론은 70~80%인 7분에서 7분 30초 정도가 적당하다. 나머지 10~15%는 클로징과 마무리 인사로 채우면 된다.

내 사람도 적으로 만드는 말실수

1. 말실수 문장

시간과 장소, 때에 맞지 않은 말을 했다면 그 말은 무엇인가요?

_____

_____

_____

2. 말실수가 나온 이유

시간과 장소, 때에 맞지 않게 말했던 이유는 무엇인가요?

_____

_____

_____

3. 앞으로 예방하기 위해 해야 할 일

적재적소에 센스 있게 말하기 위해 어떤 노력을 기울여야 할까요?

_____

_____

_____

2장

관계를 망치는 말실수

발 없는 말이
천 리 간다

사실이든 사실이 아니든 농담으로 한 말과 한 문장의 글이 상대에게 큰 상처를 입힐 수 있음을 명심하자.

〈어벤져스〉 시리즈처럼 전 세계적으로 이슈를 몰고 오는 영화가 개봉하면 사람들은 관련된 이야기에 촉각을 세운다. "그 영화 재미있다며?", "결말이 아쉽다고 하던데.", "주인공이 죽을 수도 있다고?" 등 영화를 기대하는 사람들의 반응은 포털사이트에서 수백 가지의 이야기로 퍼져나가 더 큰 관심을 불러일으킨다. 먼저 영화를 본 전문가와 관객들의 별점 평가와 후기는 보는 이로 하여금 영화 속 장면을 상상하게 만들고 관람 욕구를 자극한다.

좋은 평가든 아니든 관련된 이야기는 순식간에 퍼져나가 영화의 흥행을 결정짓는다.

이야기만큼 재미있는 것이 또 있을까? 카페에서 커피를 마시며 이야기보따리를 꺼내다보면 시간이 가는 줄 모르는 경우가 많다. 집안일, 육아, 시댁, 업무, 자기계발, 여가 등 주제도 무궁무진하다. 화장품 하나, 가전제품 하나를 구입하더라도 사용 후기를 찾아 부작용과 불편한 점은 없는지 먼저 물어보고, 앞서 사용해본 사람들의 이야기에 귀를 기울인다. 이야기는 그렇게 사람들의 입과 입을 통해 퍼져나간다.

굳이 카페라는 공간이 아니더라도 온라인을 통해 많은 사람들의 이야기를 쉽게 검색해볼 수 있다. 필자는 맛집을 찾아다니는 것을 좋아한다. 예전에는 길을 가다가 가게의 간판만 보고 들어갔다면 이제는 꼭 검색을 통해 다녀간 사람들의 후기를 꼼꼼히 찾아보고 방문한다. 좋은 후기도 눈에 들어오지만 나쁜 후기를 먼저 보게 되어 방문을 포기하는 경우도 많다.

그래서 입소문을 이용한 마케팅을 활용하는 기업들이 늘고 있다. 영화든 화장품이든 가전제품이든 맛집이든 이제 회사의 규모와 상관없이 입소문을 이용한 마케팅은 필수가 됐다.

입소문의
명과 암

업주들은 꿀벌이 윙윙 나는 것처럼 소비자들에게 상품에 대해 말로 전하는 '버즈 마케팅buzz marketing', 인터넷에서 바이러스가 퍼지는 것처럼 누리꾼들을 통해 제품을 널리 홍보하는 '바이럴 마케팅viral marketing' 등을 활용한다. 시간, 노력, 비용에 비해 입소문을 통한 마케팅은 실로 효과가 엄청나기 때문이다.

하지만 나쁜 이야기로 입소문이 나게 된다면 어떻게 될까? 이목은 끌 수 있겠지만 개인의 이미지뿐만 아니라 비즈니스에도 큰 타격을 입게 될 것이다. 영화라면 예매가 끊길 수 있고, 화장품이라면 판매량이 떨어질 수 있다. 음식점 역시 두말할 필요 없이 손님의 발길이 뜸해질 것이다.

한 방송국에서 방청객을 상대로 실험을 했다. 제작진은 서울대학교 심리학과 곽금주 교수팀과 함께 20대와 40~50대 방청객 각 100명을 스튜디오에 초대해 소문 전파 실험을 했다. 심리학 강의를 들으러 온 줄로만 아는 방청객들에게 따로 사전고지

없이 '어느 연예인이 자살했다.'라는 부정적인 소문과 '어느 연예인이 아이를 입양해 키우기로 했다.'라는 긍정적인 소문을 전달하고, 소문이 퍼져나가는 속도를 지켜보았다.

실험 결과 20대는 부정적인 소문을 모집단 100명에게 곧바로 퍼트리는 모습을 보였다. 구성원 81%가 소문을 들었고 86%가 소문을 전했다. 반면에 긍정적인 소문은 구성원 중 18%만 들었다고 대답했고, 이 소문을 전달한 이들도 4%에 불과했다. 40~50대의 경우도 마찬가지였다. 나쁜 소문은 84%, 좋은 소문은 16%의 비율로 퍼져나갔다. 제작진은 "불안감이 높은 집단이 그렇지 않은 집단에 비해 4배가량 소문을 더 많이 듣는다는 사실을 밝혀냈다."고 설명했다.

실험 결과에서도 알 수 있듯이 나쁜 소문은 좋은 소문보다 훨씬 빨리 퍼진다. 『51%의 법칙』의 저자 피터 피츠사이몬스Peter Pitzsimons는 "나쁜 소문일수록 더 빨리, 더 멀리, 더 넓게 퍼져나간다."라고 했다.

나쁜 소문은 '정서적 동질성'을 바탕으로 한다. 정서적 동질성은 사실보다 감정이 앞서는 현상을 말하는데, 이 정서적 동질성으로 인해 나쁜 소문이 퍼지는 속도가 더 빠른 것이다. 그래서

내 사람도 적으로 만드는 말실수

구전효과는 막대한 영향력을 가지고 있다.

나쁜 소문은 좋은 소문보다 훨씬 빨리 퍼진다.

질투심과 증오, 원망에 대한 감정이 부정확한 추측이나 소문으로 이어져 피해자를 양산하고는 한다.

악의를 담고 있는 소문을 대하는 우리의 자세를 돌아볼 필요가 있다. 소문을 내는 사람, 소문을 듣는 사람, 소문에 오른 사람 모두에게 피해가 갈 수 있음을 명심해야 한다. 『탈무드』에 이런 말이 있다. "악의적인 소문은 한 번에 3명을 죽일 수 있다고 합니다. 소문을 내는 사람, 소문을 듣는 사람, 소문에 오른 사람입니다."

루머는 사실이 아닌데도 이야기가 기정사실인 것처럼 퍼져나가기 때문에 위험하다. 사람들은 일단 루머를 들으면 타당성을 판단하기보다 "아니 땐 굴뚝에 연기 날까?"라는 속담처럼 루머를 사실로 여기고 착각하는 경우가 많다. 그래서 화장실에서 들은 이야기, 회식 장소에서 비밀처럼 들은 이야기들이 마치 사실처럼 퍼진다. "이거 비밀인데 말이야.", "내가 화장실에 갔다가 분명히 귀로 똑똑히 들었어."와 같은 말들이 신빙성 있게 들리는 이유도 이야기의 타당성을 판단하지 않는 사람들의 속성 때문이다.

내 사람도 적으로 만드는 말실수

그리고 흔히 입소문이 사람에 대한 평가로까지 이어지기도 한다. 루머나 뒷담화는 나이를 가리지 않는다. 학교나 회사에서 왕따를 당하기도 하고, 시어머니와 며느리의 사이가 멀어지고 고부갈등이 심화되기도 하며, 연예인들은 악플에 시달려 우울증을 호소하는 경우도 많다. 회사에서도 구설수에 올라 퇴사까지 결심하게 되는 등 가볍게 뱉은 한마디가 심각한 상황을 만든다.

사실이라 하더라도 그 사실로 사람을 비방하거나 모략하는 것을 히브리어로 '라손 하라lashon hara'라고 한다. '나쁜 혀'라는 뜻으로 우리도 늘 라손 하라를 경계해야 한다. 사실이든 사실이 아니든 농담으로 한 말과 한 줄의 글이 상대에게 큰 상처를 입힐수 있음을 명심하자.

관계를 망치는 말실수

내뱉은 말은
주워 담을 수 없다

분별없는 말실수는 특히 조심해야 한다. 이미 내뱉은 말은 주워 담을 수 없고, 이미 삼킨 음식은 내뱉기 어렵다.

말을 하고 후회한 경험이 있는가? '그때 그 말은 하지 말았어야 했는데.'라고 말이다. 누구나 그런 경험이 있을 것이다. 누구나 다 '시간을 되돌릴 수 있다면, 그래서 그때 그 장소로 돌아갈 수 있다면 그런 말을 하지 않았을 거야.'라고 생각한다. 살면서 한 번도 말실수를 하지 않는 사람은 없기 때문이다.

영화 〈어바웃 타임〉에서 주인공은 원하는 과거의 시간으로 되돌아갈 수 있는 능력을 가지고 있다. 그래서 후회되는 순간마다

내 사람도 적으로 만드는 말실수

다시 과거로 돌아가서 새롭게 기회를 잡고 다른 방식으로 시도할 수 있다. 주인공은 능력을 활용해 아버지를 만나기도 하고, 연인과의 관계를 되돌리기도 한다.

우리도 그러한 능력이 있다면 매우 좋겠지만 영화 속의 이야기일 뿐이다. 현실에서는 후회해도 이미 늦었다는 걸 명심해야 한다. 그래서 순간의 실수가 나오지 않도록 말을 하거나 SNS에 글을 올릴 때는 늘 신중해야 한다.

최근 한 감독은 자신의 SNS에 정치적 발언을 게재했다. 대선 기간에 어느 특정 후보와 지지자들을 저격하는 비속어 섞인 글이었다. 그가 올린 다른 감독의 영화를 비꼬는 글도 같이 퍼지면서 비난을 받기 시작했다. 이에 해당 감독은 자신의 트위터에 "아무 생각 없이 적었던 저속한 발언으로 인해 상처를 받은 모든 분들에게 사죄드린다."라는 일련의 사태와 관련된 사과문을 올렸다.

이처럼 정치적인 발언은 민감한 사안이다. 특히 선거 기간에 특정 정당이나 후보를 지지하는 표현은 유의해야 한다. 이름이 알려진 유명인일수록 행동 하나하나에 큰 책임이 따르는 법이

관계를 망치는 말실수

다. 자신과 정치 성향이 다르다는 이유로 SNS에 원색적인 비난을 올려서 더 큰 비판을 받았다.

2018년 1월, 미투 운동이 확산되고 있다. 미투 운동은 미국에서 해시태그로 시작된 운동으로 2017년 10월 영화계의 거장 하비 와인스타인Harvey Weinstein의 성폭력 및 성희롱 행위를 폭로하는 데 쓰이면서 소셜미디어에서 화제가 되었고, 피해자들의 용기를 응원하고 지지한다는 의미에서 해시태그가 널리 퍼져나갔다.

미투 운동이 촉발된 후 각종 성폭력 및 성희롱 행위에 대한 고발과 구속 등이 활발히 이뤄지면서 점점 더 확산되고 있는 분위기다. 영화계뿐만 아니라 그동안 공공연히 성폭력 및 성희롱 행위를 쉬쉬해오던 몇몇 업계의 민낯이 드러나기 시작했다. 특히 30년 전의 행동과 발언까지 재조명되면서 다시금 경솔한 말과 행동의 조심성을 생각하게 한다.

최근 어느 뮤지컬 공연의 이벤트에서 한 배우가 여성 팬의 어깨에 손을 올리며 "미투하면 안 돼요."라는 말을 해 논란이 있었다. 현장에 있던 팬들과 관객들은 미투 운동을 가볍게 여기는 태도라며 크게 실망했고, 결국 해당 발언을 한 배우는 공연에서 자진 하차했다.

한 대학축제에 걸그룹이 행사를 왔다. 무대가 끝나자 아쉬운 함성과 함께 뜨거운 호응으로 앵콜을 요청하는 목소리가 울려 퍼졌다. 이때 행사의 진행자가 "여러분, 앵콜하면 안 와요. 이럴 때는 서비스라고 해야 합니다."라고 말한 뒤 관객들에게 '앵콜' 대신 '서비스'를 외치라고 유도했다.

이후 이 사실이 알려지면서 누리꾼들은 진행자의 해당 발언을 지적했다. 서비스라는 단어가 주는 느낌이 불법 음란업소에서 사용하는 말을 연상시킨다며 거세게 비난한 것이다. 진행자는 사과의 뜻을 밝혔지만 논란은 쉽게 가시지 않았다. 이처럼 단어 하나에도 말의 뉘앙스는 크게 달라진다. 단어 하나만 바뀌어도 상대에게 불쾌감을 줄 수 있고 상처를 줄 수 있다.

일상생활 속에서도 무심코 던진 관심의 한마디가 상대방에게 불쾌감을 주는 경우가 있다. 한 임산부에게 옆에 앉은 여성이 관심을 보이며 물어본다.

"아들이에요? 딸이에요?"

"아들이에요."

"아이고, 엄마는 딸이 있어야 하는데."

그 순간 임산부는 '내가 왜 묻는 말에 대답했을까?'라는 후회와 함께 불쾌한 감정을 느꼈다. '아들이면 어때서 그렇다는 거지? 이미 아들로 결정이 났는데 웬 오지랖일까?' 등 다양한 감정이 뒤섞이면서 마음이 상한 것이다. 임산부가 원했던 반응은 "아유, 아들이면 듬직하고 좋으시겠어요!"가 아니었을까? 굳이 상대방이 기분 나빠할 표현을 쓸 이유가 있을까?

충분히 생각하고
발언해야 하는 이유

말을 할 때는 용어나 단어 선택에도 신중함을 기울여야 한다. 정치, 종교, 군대 등 민감한 사안과 최근 이슈가 되고 있는 특정한 사안에 대해서는 항상 주의해야 한다. 자신이 이 말을 했을 때 듣는 사람은 어떤 느낌을 받을지, 어떤 의미로 받아들일지 충분

말을 할 때는 용어나 단어 선택에도
신중함을 기울여야 한다.

히 생각하고 말해야 한다.

　상대방의 감정을 건드릴 수 있는 말은 어떤 이유에서건 하지 않는 것이 좋다. 상황을 분간하지 않고 입에서 나오는 대로 내뱉는 순간 상대는 적대심을 품게 된다. 강아지를 좋아하는 사람 앞에서 강아지를 왜 키우는지 모르겠다고 이야기하며 불쾌감을 표시한다든가, 열심히 선교활동을 하는 사람 앞에서 교회를 왜 다니는지 모르겠다는 식으로 말하는 등 분별없는 말실수는 특히 조심해야 한다. 이미 내뱉은 말은 주워 담을 수 없고, 이미 삼킨 음식은 내뱉기 어렵다.

　어느 스님이 젊은 과부의 집을 자주 드나들자 이웃에 사는 두 여인이 마을 사람들에게 좋지 않은 소문을 퍼트렸다. 그런데 얼마 후 젊은 과부는 세상을 떠나고 말았다. 과부가 세상을 떠나고 나서야 마을 사람들은 스님이 병든 과부를 위해 기도하러 다녔다는 것을 알게 되었다. 처음 나쁘게 말을 퍼트리고 비난했던 두 여인은 죄스럽고 마음이 편치 않아 스님을 찾아가 용서를 빌었다.

　스님은 말없이 방 안으로 들어가더니 아주 작은 씨앗을 가지고 나와서 두 여인에게 한 줌씩 주었다. 그리고 절 앞 풀밭에 씨앗을 뿌리고 오라고 했다. 두 여인이 씨앗을 뿌리고 돌아오자 스님은 그 씨앗을 다시 모두 주워오라고 했다. 그러자 여인들은 무슨 수로 그 작은 씨앗을 일일이 주워올 수 있겠냐며 울상을 지었다. 한동안 침묵을 지키며 서로의 얼굴만 쳐다보다가 스님이 먼저 입을 열었다.

"용서해주는 것은 어렵지 않으나 한 번 내뱉은 말은 주워 담기 어렵습니다."

관계를 망치는 말실수

공든 탑을 무너트리는
치명적인 한마디

어떤 상황에서든 방심은 금물이다. 적당한 긴장감을 유지하고 자신의 모습과 말을 떠올리고 반성하며, 어떤 말이 상대에게 상처가 되는지 늘 염두에 두어야 한다.

벌써 6년 전의 일이다. 어머니의 교통사고는 다시 떠올려도 정말 아찔하고 힘든 순간이었다. 어머니뿐만 아니라 가족들의 충격과 후유증도 이루 말할 수 없었다. 목의 신경이 손상되어 이제 걸을 수 없다는 의사선생님의 말씀은 청천벽력과 같았고, 중환자실에 있는 어머니와 슬픔에 잠긴 가족들의 모습은 보기만해도 고통스러웠다. 그리고 또 앞으로 헤쳐나가야 할 일들이 산재해 있었다. 30년 넘게 식당을 운영하셨기에 가게가 인수되기까지 마무리 영업을 해야 했고, 인수받을 사람도 찾아야 했으며, 무엇보다 목돈이 필요해 적금을 해지해야 했다.

　20년 넘게 거래를 해오던 은행은 부모님께서 항상 친절하게 잘해준다고 입에 침이 마르도록 칭찬하던 곳이었다. 하지만 수입이 없기 때문에 더 이상 적금을 유지하기가 어려운 상황이었다. 그래서 아버지와 함께 은행에 찾아갔다. 적금을 해지하러 왔다고 이야기를 했더니 "본인이신가요?"라는 물음이 돌아왔다. "아뇨, 지금 저희 어머니가 병원에 계셔서 대신 왔습니다." 라고 대답했더니 퉁명스럽고 단호한 말이 들려왔다. "본인이 아니면 안 돼요. 본인이 오시라고 하세요."

　순간 온몸이 떨리면서 화가 나고 눈물이 쏟아졌다. 그토록 칭찬하고 오랫동안 거래해온 은행이 맞는지, 어쩌면 이렇게 남의 일처럼 쉽게 말할 수 있는지 원망스러웠다. 그동안 신뢰했던 은행은 말 한마디로 고객과의 관계라는 공든 탑을 무너트렸다. 이제는 그 은행은 불쾌한 은행이 되었으며, 덩달아 필자가 들고 있던 적금까지 다 해지하는 계기가 되었다. 물론 앞으로도 다시 거래를 할 생각은 없다.

말 한마디로
신뢰를 잃을 수 있다

자신에게 이익이 될 때는 친절하게 대하다가 거래를 중단하거나 상황이 바뀌면 180도 달라지는 사람들이 있다. 한마디 말실수로 그동안 차곡차곡 쌓은 신뢰감을 무너트리기도 한다. 하지만 고객은 바보가 아니다. 물건을 판매할 때의 말과 불만을 제기했을 때의 대처하는 말의 격차를 분명히 느낄 수 있다. 상대의 대처를 통해 프로인지 아마추어인지 알 수 있고, 다시 거래를 할지 말지를 결정하게 된다.

1등 커피브랜드로 꼽히는 모 커피브랜드는 대부분의 커피 프랜차이즈가 적자를 면하지 못할 때도 높은 매출 신장세를 기록했다. 단순히 커피를 파는 것이 아니라 공간과 문화를 판매하는 감성마케팅이 사람들의 마음을 사로잡는 데 성공한 것이다. 사회 활동에도 적극적으로 나서는 등 모범적인 모습까지 보여 단연 최고의 커피 회사라는 이름값을 했다.

그런데 2018년 2월 평창 동계올림픽 개막식 당시 미국 주관 방송사인 NBC의 해설자가 일본 선수단이 입장할 때 뜬금없이 한일 식민지배사를 언급해 논란의 중심이 되었다. 그는 "일본이 1910년부터 1945년까지 강점을 했지만, 모든 한국인은 발전 과정에서 일본이 문화, 기술, 경제적으로 중요한 모델이 되었다고 말할 것이다."라며 일본 식민지배를 미화하는 발언을 해 물의를 빚었다.

이에 평창올림픽 조직위원회가 NBC에 정식으로 항의했고 해당 해설자는 해고되었다. 하지만 이후 해당 해설자가 해당 커피 브랜드 이사회의 일원인 것이 밝혀지면서 국민 여론도 덩달아 악화되었다. 결국 그의 망언은 커피브랜드의 불매 운동으로까지 이어지게 된다.

최근 인기 아이돌 그룹이 방송을 앞두고 대기실에서 자유롭게 나눴던 대화가 의도치 않게 생중계되면서 곤욕을 치르는 사건이 발생했다. 방송 전 멤버들끼리 나눈 대화이기에 충분히 그럴 수 있다는 생각이 들기도 하지만, 많은 스태프들이 함께 있는 공간인 만큼 초심을 잃은 행동이라는 의견이 많아지면서 논란이 커졌다. 데뷔한 지 얼마 되지 않았고, 현재 최고의 인기를 누

신뢰는 만들어지는 데 평생의 시간이 걸리지만,
신뢰가 무너지는 데는 5분이 걸리지 않는다.

리는 상황인 데다 힘든 연습생 생활을 이겨내고 오디션 프로그램에서 재능과 열정, 인성까지 좋다는 평가를 받았던 뮤지션이었기에 후폭풍은 거셀 수밖에 없었다. 이들의 말실수는 실시간 검색어 순위에 오르며 화제가 되었다.

처음 프로그램에 얼굴을 비출 때부터 데뷔에 대한 갈망과 열띤 노력으로 큰 사랑을 받았던 그들이었기에 대중들의 실망은 더 컸다. 잘되길 바라는 부모의 마음으로 음반을 들으며 흐뭇해하던 팬들도 초심을 잃은 이들의 말과 행동에 크게 실망했고, 논란은 오래도록 가시지 않았다. 수많은 경쟁자들과 선의의 경쟁을 통해 마침내 정상에 우뚝 섰고, 엄청난 팬덤을 형성하며 인기를 구가하고 있어 앞으로도 더 많은 기회들이 기다리고 있었다. 하지만 한 번의 말실수로 공든 탑이 흔들리게 됐다. 어디에 있든 누구와 있든 말 한마디가 중요한 연유다.

투자의 귀재라 불리는 워런 버핏Warren Buffett은 "신뢰는 만들어지는 데 평생의 시간이 걸리지만, 신뢰가 무너지는 데는 5분이 걸리지 않는다."라고 했다. 정성스럽게 하나하나 쌓아올린 그동안의 수고가 말 한마디로 한순간에 물거품이 될 수 있다는 뜻이다.

우리는 항상 말이 가진 영향력을 명심하고 공식석상이든 그렇지 않든 입을 열 때는 신중해야 한다. 말은 쉽게 전달되고, 또 쉽게 왜곡되는 성질을 가지고 있다. 입에서 입으로 전해지면서 다른 사람에 의해 하지 않았던 말이 덧붙여지기도 하고, 의도하지 않았던 방향으로 곡해되기도 한다. 말실수로 인한 좋지 않은 소문은 보통 이런 식으로 퍼져나간다.

자신의 말이 다른 사람의 입에서 왜곡되는 걸 전부 막을 수는 없지만 조금이나마 줄일 수 있는 방법은 있다. 바로 편한 사석이든 어려운 자리든 긴장을 풀지 않고 항상 신중하게 말하는 것이다.

우리 주변에서도 순간의 말 한마디로 그동안 자신이 쌓았던 신뢰를 무너트리는 사례를 볼 수 있다. 고민을 가장한 잘난 척, 초심을 잃은 말, 무책임한 말, 기억이 안 난다고 시치미를 떼는 발뺌하는 식의 말, 무관심한 말 등 사례도 다양하다. 일을 할 때도 그렇고 연애를 할 때도 그렇다.

절실한 상황에서는 목표를 이루기 위해서 긍정적인 말, 열정적인 말이 나오지만 그것을 이루고 난 뒤에는 어느 순간 안주

내 사람도 적으로 만드는 말실수

하게 되면서 욕심을 부리는 말, 귀찮아하는 말이 나올 수 있다. 그러나 어떤 상황에서든 방심은 금물이다. 적당한 긴장감을 유지하고 자신의 모습과 말을 떠올리고 반성하며, 상대에게 상처가 되는 말은 어떤 말인지 늘 염두에 두어야 한다. 말실수를 줄이기 위해 그런 말이 나오지 않도록 매사에 주의를 기울이는 습관을 가지자.

관계를 망치는 말실수

내 사람도 적으로
만드는 말실수

서로를 의심하게 되고 불신하게 되는 말실수를 근절하기 위해서는 가까운 사이일 수록 내 편으로 만드는 말하기를 실천해야 한다.

얼마 전 새로운 회사에 입사한 후배에게서 연락이 왔다. 그토록 원하던 회사에 입사해서 기뻐했던 터라 축하인사를 건넸는데 목소리가 심상치 않았다. 들어보니 같은 부서의 직원들끼리 서로 감정이 좋지 않다고 했다. 처음에는 함께 환영식도 하고 인사도 나누고 분명 좋은 관계였는데, 팀장이 면담을 하거나 미팅을 하면서 없는 직원의 흉을 보고 또 그때 동조한 직원들의 말을 기억하고 있다가 당사자에게 전달한다는 것이었다.

일을 시작할 때 프로다운 모습과 멋진 카리스마로 존경했던 팀장님이 이제는 너무 싫다고 했다. 그리고 팀원들이 무슨 말을 해도 믿을 수가 없고 자신의 말이 어떻게 전달될지 두려워 입을 닫게 되었으며, 직원들끼리 서로 의심하게 되고 불신이 쌓여서 말도 없어졌다고 한다. 사무실은 각자 자신의 일만 하는 철창 없는 감옥이 되었다.

이처럼 비즈니스에서 상사의 말 한마디는 큰 영향력을 가지고 있다. 작은 조직이든 큰 조직이든 사람을 이끌고 원활한 소통을 통해 팀워크를 다지고 좋은 성과를 이루기 위해서는 말조심을 해야 한다. 두 사람 사이에서 서로를 떼어놓고 멀어지게 하는 이간질은 최악의 행동이라고 할 수 있다.

일상에서도 말로 상처 입는 경우가 많다. 특히 가까운 사이일수록 말로 입는 상처는 깊고 크며 아물기까지 정말 많은 시간이 걸린다. 편한 사이이고 허물없이 지내다 보니 긴장감이 떨어지는 데 원인이 있다. 듣기 싫어하는 별명을 부른다든가, 놀리는 말, 깎아내리는 말, 심지어 욕설까지 나오는 경우도 있다. 기분이 좋을 때는 받아줄 수 있지만, 문제는 컨디션이 좋지 않거나 공론

화했을 때의 경우다. 단 둘이 있을 때는 괜찮지만 공식적인 자리나 다른 사람들 앞에서는 기분이 상할 수밖에 없다.

가까운 사이일수록
조심해야 하는 말실수

결혼한 지 30년이 된 A씨는 필자와 2년 전 세미나에서 만나 지금까지 인연을 이어오고 있는 사이다. 오랜만에 안부를 묻고 전화통화를 했는데 남편 때문에 고민이 많다고 했다. 온 가족이 모인 자리에서 남편인 B씨가 A씨에게 "제대로 좀 해라. 똑바로 하는 게 뭐가 있냐?", "너희 엄마가 저런 식이다. 쯧쯧." 등 윽박을 지르고 무시를 하는 통에 더 이상은 같이 살고 싶지 않다는 것이다. 자식들 때문에 오늘날까지 참고 지내왔는데 이제는 힘들 것 같다고 했다. 너무 힘들어서 남은 날이라도 행복하게 지내고 싶다며 고민을 토로했다.

　속내를 모르는 사람들은 여태 30년 동안 함께 지냈는데 왜 이제 와서 힘들다고 그러는지 이해가 안 간다고 말하는 경우도 있

내 사람도 적으로 만드는 말실수

가까운 사이일수록 말로 입은 상처는
깊고 크며 아물기까지 정말 많은 시간이 걸린다.

다. 하지만 그동안 편한 사람이라는 이유로 받은 상처가 곪아서 터진, 병이 나기 직전인 위급한 상황이라면 설명이 될까? 이처럼 편하다고 괜찮다고 '우리 사이에 어때?'라는 생각으로 방심하지 말아야 한다. 가까울수록 말을 조심하지 않으면 관계는 쉽게 무너진다.

SBS에서 방영한 〈자기야〉는 여러 쌍의 부부들이 출연해 부부의 속 깊은 이야기를 허심탄회하게 고백하는 프로그램이다. 하지만 방영된 후부터 현재까지 출연진 중 11쌍의 부부가 이혼을 해 안타까움을 자아내고 있다. 부부금슬을 뽐내기도 하고 좋은 면도 있었던 반면, 부부의 이야기를 하는 와중에 서로의 허점을 지적하는 폭로전도 이어졌다. 둘만의 사적인 공간이 아닌 전 국민이 시청하는 방송인 만큼 가족과 지인도 볼 수 있어 여파가 컸을 것이다. 처가댁, 시댁에 대한 이야기도 스스럼없이 전하다 보니 속내가 드러나기도 했고, 부부와 가족이라는 사적인 소재인 만큼 방송에서 언급할 때는 더욱 조심했어야 하는데 그러지 못했다.

내 사람도 적으로 만드는 말실수

모 기업의 여성 CEO C씨는 슈퍼우먼이다. 집안일과 아이들 교육, 사업, 남편 내조까지 모든지 성실히 임하는 덕에 주변에서 칭찬이 자자하다. 그러던 어느 날 남편을 포함해 직원들과 회식을 하게 되었다. 이런저런 대화를 나누며 분위기가 고조될 즈음 남편이 이야기했다.

"집에서 사장님 별명이 뭔지 아세요? 허당이에요."

순간 정적이 흐르고 C씨의 얼굴은 빨갛게 달아올랐다. 예상하지 못한 순간이었고 직원들 앞에서 마치 발가벗은 듯 창피했기 때문이다. 집에 와서 부부싸움을 한 것은 물론이고 시간이 흐른 지금까지도 그 이야기가 자주 회자된다고 한다.

술자리나 회식자리에서는 실언이 나오기 쉽다. 몸에 긴장이 풀어지고 분위기가 좋아지면 자제하기가 어렵다. '이 정도는 괜찮겠지?'라고 생각할 수도 있다. 하지만 그런 자리일수록 더더욱 말조심을 해야 한다. 술을 안 먹은 사람도 있고, 자칫 취중진담으로 듣고 더 기분이 나쁠 수도 있기 때문이다.

함께 생활하고 자주 얼굴을 보는 사이일수록 말조심을 해야 한다. 서로에 대해 누구보다 자세히 알기 때문에 내뱉은 실언이

관계를 망치는 말실수

시한폭탄으로 돌아올 가능성이 높다. 한 걸그룹은 멤버들 간의 불화로 해체를 하게 되었다. 원인은 멤버의 말실수 때문이었다. 방송에서 특정 멤버를 이야기하며 술버릇, 잠버릇이 안 좋다고 말한 것이다. 평소 깔끔하고 단정하고 여성스러운 이미지로 인기를 누렸던 해당 멤버는 이미지에 타격을 입게 되었고, 자신의 허점을 이야기한 멤버와의 사이도 안 좋아졌다. 함께 합숙하면서 보고 느낀 것을 이야기한 것이겠지만 공식적인 방송에서 언급할 때는 안 좋은 부분보다 좋은 점을 부각시켜주는 게 더 현명한 태도였다.

　말을 시작하기 전에는 반드시 생각할 틈을 가져야 한다. 지금 하고자 하는 말이 말할 가치가 있는지, 무익한 이야기는 아닌지, 누군가의 마음을 상하게 할 염려는 없는지 잘 따져보아야 한다. 서로를 의심하게 되고 불신하게 되는 말실수를 근절하기 위해서는 가까운 사이일수록 내 편으로 만드는 말하기를 실천해야 한다.

솔직함이
독이 될 수 있다

상황에 따라 분위기에 따라 말하기는 달라져야 한다. 순간의 진심과 솔직함이 때로는 독이 될 수 있다.

어느 날 장모님이 퇴근할 사위를 위해 정성을 들여 수제비를 끓였다. 평소 사위를 챙기는 마음이 지극한 장모님이 모처럼 솜씨를 발휘했다. 보글보글 맛있는 수제비가 완성될 즈음 사위가 들어왔다. 장모가 사위를 반기며 물었다.

"자네, 수제비 좋아하나?"

"저 수제비 안 좋아합니다. 어려서 먹고 체한 뒤로는 잘 안 먹습니다."

"수제비를 왜 안 좋아해? 잘 끓여놓으면 얼마나 맛있는데. 그러지 말고 맛이라도 봐봐."

"수제비가 뭐가 맛있습니까?"

정성스럽게 수제비를 끓이던 장모님의 표정은 이내 일그러졌다. 사위의 솔직한 말 한마디가 좋은 기분을 상하게 만든 탓이다. 부모가 자식을 생각하는 마음처럼 넓고 따뜻한 것이 또 있을까? 사위사랑은 장모사랑이라는 말처럼 내 자식처럼 귀하고 예쁘게 생각해서 정성스럽게 수제비를 만들었는데, 사위에게 기껏 이런 말을 들으니 섭섭하고 서운했다. 이럴 때는 장모님의 성의를 생각해서 선의의 거짓말을 하는 게 훨씬 좋다.

"자네, 수제비 좋아하나?"

"네. 수제비가 정말 맛있어 보이네요! 장모님이 끓여서 더 맛있을 것 같습니다. 그런데 조금만 주시겠어요? 점심을 늦게 먹어서요."

상황에 따라 솔직함을 있는 그대로 드러내기보다는 상대방의 입장을 생각해서 다르게 표현하는 방식이 필요하다. 어른들이 많이 하시는 말씀이 "많이 먹어. 왜 더 먹지 않고?"라는 표현이다. 이럴 때 "배부르다는데 왜 자꾸 더 먹으라고 하는 거예요? 먹

상황에 따라 솔직함을 있는 그대로 드러내기보다는
상대방의 입장을 생각해서 다르게 표현하는 방식이 필요하다.

기 싫다니까!"라고 표현한다면 기분이 좋을 리 없다. 그래서 상대가 말하는 의도를 잘 헤아려야 한다.

면접을 보러 갔을 때도 면접관의 의도를 파악하는 게 매우 중요하다. 면접에서 면접관의 질문에 대답할 때 가장 중요한 부분이다. 면접관은 질문을 통해 지원자의 성향, 인성, 역량, 가능성 등을 판단하기 때문에 다양한 질문을 준비한다. 어떤 질문도 그냥 무심코 던지는 것이 아니라는 의미다. 따라서 질문의 의도를 정확하게 파악하고 적절한 대답을 할 수 있도록 사전에 철저히 준비해야 한다.

그래서 명확하게 면접관이 원하는 답변을 하기 위해서는 질문에 대한 이해가 필요하다. 예를 들어 "일을 하다 보니 자신이 생각하는 일이 아니면 어떻게 하시겠습니까?"라는 질문은 면접자의 유연성, 도전정신, 조직 적응력 등을 확인하려는 의도가 숨겨져 있다. 또 "살아오면서 가장 만족스럽다고 생각한 순간은 언제입니까?"라는 질문은 면접자의 긍정적인 태도와 가치관을 확인하기 위한 질문이다. 면접자의 관심사와 창의성을 체크하기 위해 "초능력이 생긴다면 무엇을 하고 싶습니까?"라고 물어볼 수도 있다.

상대의 의도를
잘 파악해야

질문을 듣고 생각나는 대로 두서없이 말을 나열하는 솔직함은 독이 될 수 있다. 질문의 의도를 잘 파악해 적절한 예시와 경험을 간략하게 이야기하면서 핵심을 짚어주는 대답이 좋다. 면접을 앞두고 보이스 트레이닝, 스피치 트레이닝을 받는 사례가 점점 늘어가고 있는 추세다. 한마디의 답변이 자신에 대한 평가로 이어지기 때문이다. 상대방의 의도에 부합하고 자신의 역량과 이미지를 상승시킬 수 있는 대답을 하기 위해서 면접용 화법을 배우고는 한다.

그렇다고 해서 없는 사실을 사실인 것처럼 가장해서 포장해서는 안 된다. 무조건 좋은 점만 부각하라는 뜻도 아니다. 사실을 인정하되 단점을 부각시키기보다 보완하기 위해 노력하고 있는 부분을 강조하는 것이 중요하다. 완벽한 사람은 부담스러울 수 있다. 누구나 단점이 있기 때문에 개선하려는 노력을 멈추지 않고 있다는 걸 어필할 필요가 있다. 면접에서 오히려 플러스 점수를 얻는 비법이다.

면접에서 좋은 대답의 유형은 성실한 대답, 회사에 대한 애정과 고민이 느껴지는 대답, 경험과 능력을 스토리텔링한 대답, 핵심을 짚은 간결한 대답이다. 반면 나쁜 대답의 유형은 질문의 의도를 이해하지 못한 동문서답형 대답, 길고 지루한 대답, 잘난 척하는 대답이다.

도대체 무슨 이야기를 하는지 알 수 없게 말하는 지원자에게 관대한 면접관은 없다. 지루하게 시간을 끄는 답변으로 면접관을 짜증나게 하거나, 핵심을 파악하지 못한 채 동문서답으로 면접관을 화나게 해서도 안 된다. 그렇다고 무조건 모른다고 답변하는 것도 문제지만, 자신의 입장을 제대로 표현하지 못하고 우유부단하게 대답하는 스타일도 면접관을 실망시키는 태도 중하나다. 그리고 모든 질문에 준비된 답안지처럼 바로바로 기계처럼 이야기하는 것보다 생각을 가다듬고 대답하는 진정성이 필요하다.

연인 사이에서도 지나친 솔직함은 독이 될 수 있다. 처음 만나는 자리에서 전에 만났던 연인과 왜 헤어졌는지 물어보거나 자신이 헤어진 이유를 구구절절 다 나열하면서 이야기하는 등 상대에 대한 호감이 반감되는 주제는 되도록 꺼내지 않는 게 좋다. 눈앞에 있는 상대에게 온전히 집중해야 한다.

업무를 할 때, 비즈니스 관계에서도 마찬가지다. 자신이 느낀 감정을 그대로 드러내면 고객의 불만이 걷잡을 수 없이 커질 수 있다. 상황에 맞지 않게 솔직하면 일종의 감정노동을 감내해야 하는 경우가 생긴다. 특히 서비스직에 종사한다면 더욱 유의해야 한다. 컨디션이 항상 좋을 수도 없고 최선을 다해서 노력했는데 싫은 소리를 들었을 때는 고객의 불평이 짜증스럽기만 하다. 그렇다고 솔직하게 속마음을 드러내면 돌아오는 것은 "남의 돈 벌기가 쉬운 줄 아느냐?"라는 타박이다.

일을 할 때는 더더욱 감정적으로 자유로울 수 없다. 그래서 누구를 대하든 업무 시간에 자신의 100% 본심을 드러내는 건 지양해야 한다. 의견 충돌이 심해져도 감정을 삭이고 이성적으로 행동하도록 하자.

순간의 진심과 솔직함이 때로는 독이 될 수 있다. 입을 열기 전에 말의 의도를 생각하고 말하는 습관을 가진다면 더 적합한 표현으로 상대도 자신도 기분 좋은 관계를 이어나갈 수 있다. 말

관계를 망치는 말실수

실수를 줄이는 가장 현명한 방법은 상대의 마음을 헤아리려 노력하고, 이성보다 감정이 앞서지 않도록 애쓰는 것이다. 상황이 좋고 분위기가 편하다 해도 상대를 배려하지 않는 솔직함은 관계에 독이 될 수 있다.

첫마디는 '당신'이 아닌
'나는'으로

평소 마음에 들지 않는 상황이나 상대의 행동을 접했을 때 어떻게 말하는가? 머릿속으로 일련의 상황들을 상상해보자. 고된 일을 마치고 집에 들어왔는데 집이 난장판이 되어 있다면? 자녀에게 숙제부터 하라고 말했는데 오자마자 TV를 열심히 시청하고 있는 모습을 보았다면? 중요한 약속이 있어서 빨리 퇴근을 해야 하는데 갑자기 업무를 지시하는 상사가 있다면? 공부하는데 부모가 불쑥불쑥 들어와서 참견을 한다면? 모두 다 생각만 해도 화가 나는 상황이다.

이런 상황을 접하면 불쾌해지면서 부정적인 감정이 마음속에 자리하게 된다. 어떤 때는 그냥 넘어갈 수 있는 문제도 계속 쌓이면 폭발할 수밖에 없다. 말투가 부정적이고 폭력적으로 나올 가능성이 매우 크며, 상대를 원망하는 마음과 분노하는 마음이 말투에 담기게 된다.

"누가 이렇게 어지른 거야?"

"너 숙제했어? 숙제부터 하라고 했지?"

"차장님, 꼭 퇴근 시간에 업무지시를 하셔야 합니까?"

"엄마, 나 공부하는데 왜 자꾸 방해해?"

말의 첫마디를 보면 공통점이 있다. 바로 주어가 '당신(You)'을 향하고 있다는 점이다. 상대에게 책임이 있다고 생각하는 무의식이 입으로 튀어나온 것이다. '내 기분과 상황이 유쾌하지 않은 것은 전부 당신 때문이야.'라는 생각으로 상대에게 화를 표출한다. 그래서 이렇게 첫마디가 '당신'인 말하기는 하면 할수록 상대의 기분까지도 상하게 되는 악순환을 유발한다.

그렇다고 무조건 참으며 쌓아두는 건 좋지 않다. 그래서 그런 감정을 느꼈을 때 효과적으로 컨트롤하고 대처하는 말하기가 매우 중요하다. 따라서 말의 첫마디는 '나는(I)'이 되는 게 좋다. 다음의 5단계를 적용해보자.

1. 상황을 원망하되, 상대를 원망하지 않는다.

상황이 마음에 들지 않으면 상대의 탓을 하게 되고, 그렇게 되면 부정적인 감정으로 분노가 생기게 된다. 우선 벌어진 문제 상황이 상대의 잘못이 아니라는 생각부터 가져야 좋은 말하기를 시작할 수 있다. 화를 가라앉히고 문제를 객관적으로 바라보자.

2. 말의 첫마디는 '나는'으로 시작한다.

'나는'은 상대를 탓하고 책임을 돌리는 말이 아니라 마치 모든 게 자신의 책임이라고 말하는 것처럼 겸손한 표현법이다. '나는'으로 첫마디를 시작하면 상대가 나의 말에 귀를 기울이게 된다. 예를 들어 "차장님, 꼭 퇴근 시간에 업무지시를 하셔야 합니까?"보다는 "제가 일이 있어서 말씀하신 업무를 당장 처리하기 어려울 것 같습니다."라는 식으로 이야기를 시작하는 것이다. '나는'을 통해 자신의 생각을 똑바로 표현하면서도 상대의 기분을 상하지 않게 할 수 있다.

3. 자신이 처한 상황과 느낌을 진솔하게 이야기한다.

공부를 간섭하는 부모에게 "엄마, 나 공부하는데 왜 자꾸 방해해?"라고 쏘아붙이는 것보다 "저도 열심히 하려고 하는데 계속 그러시면 집중하기 어려울 것 같아요."라고 이야기하는 것이 좋다.

4. 자신의 감정이 상한 이유를 구체적으로 표현한다.

'왜냐하면'이라고 이유를 알려주면 상대가 그 상황과 입장을 이해하고 납득하게 되는 결과를 만들 수 있다. 또한 이유를 설명할 때는 사실 그대로, 즉 감정적인 표현과 부정적인 감정이 섞인 단어를 쓰지 않도록 유의해야 한다. 난장판이 된 집을 보고 "누가 이렇게 어지른 거야?"라고 다짜고짜 화를 내지 말고 "나는 지금 기분이 좋지 않아. 왜냐하면 장난감이 여기저기 쏟아져 있고 바닥에 쓰레기가 많아서."라고 말하는 것이 효과적이다.

5. 앞으로 상대에게 원하는 상황을 이야기하고, 상대에 대한 고마움을 표현한다.

숙제를 하지 않고 TV를 보는 아이에게 "너 숙제했어? 숙제부터 하라고 했지?"라고 화를 내는 것보다 "엄마는 네가 숙제부터 하면 좋겠어. 숙제를 하고 마음 편히 TV를 보면서 놀면 어떨까? 항상 엄마 말을 잘 들어줘서 고마워."라고 하는 것이 더 효과적이다.

1. 말실수 문장

〰〰〰〰〰〰〰〰〰〰〰〰〰〰〰〰〰〰〰〰〰〰〰〰〰〰〰〰〰〰〰〰〰〰〰〰〰〰〰

\# '나는'이 아니라 '당신'으로 시작한 말실수는 무엇인가요?

_____

_____

_____

2. 말실수가 나온 이유

〰〰〰〰〰〰〰〰〰〰〰〰〰〰〰〰〰〰〰〰〰〰〰〰〰〰〰〰〰〰〰〰〰〰〰〰〰〰〰

\# 상대에게 책임을 떠넘기는 말투를 사용한 이유는 무엇인가요?

_____

_____

_____

3. 앞으로 예방하기 위해 해야 할 일

〰〰〰〰〰〰〰〰〰〰〰〰〰〰〰〰〰〰〰〰〰〰〰〰〰〰〰〰〰〰〰〰〰〰〰〰〰〰〰

\# 첫마디를 '나는'으로 시작하기 위해서 어떤 노력이 필요할까요?

_____

_____

_____

3장

말실수, 되돌릴 수 없을까?

누구나
말실수를 한다

단기간 노력한다고 처음부터 말실수를 아예 하지 않을 수는 없다. 하지만 누구나 노력만으로도 말실수를 줄일 수 있다.

어느 무더운 여름, 커피를 사러 카페에 들어갔다.

"아이스 아메리카노 차가운 걸로 주세요!"

필자도 모르게 나온 말실수였다. 아차 싶어서 말한 사람도 주문을 받는 직원도 웃음이 나왔다. 직원은 능숙하게 주문을 받았다. 왜냐하면 이런 일이 많기 때문이다. 달달한 커피를 찾던 손님이 메뉴판을 보다가 이렇게 말한 적도 있다.

"카메라 마끼아또 한 잔 주세요!"

말실수, 되돌릴 수 없을까?

'카라멜 마끼아또'를 '카메라 마끼아또'로 잘못 발음한 것이다. 카라멜과 카메라의 발음이 비슷해 생긴 말실수였다. 이 밖에도 '그란데 사이즈'를 '그랜드 사이즈'로, '벤티 사이즈'를 '밴드 사이즈'로 잘못 발음하는 경우도 있다.

또 어느 날은 계단을 이용하기 힘들어 에스컬레이터를 찾고 있었는데 어르신이 저 멀리서 손짓을 하시며 "에스콰이어 타고 가."라고 말씀하셨다. 또 '엘리베이터'를 '엘리게이터'로 잘못 발음하는 경우도 종종 있다.

이처럼 명칭을 비슷한 발음의 다른 단어로 착각해 부르기도 하고, 때로는 사람을 못 알아보고 착각해 말실수가 나오기도 한다. KBS 드라마 〈내일도 맑음〉에서는 작중 인물이 주문제작한 구두를 맡기려다 해당 업체의 대표와 마주친다. 그런데 그 사람이 대표가 아니라 직원인 줄 알고 "여기 대표가 성질머리가 아주 고약하다고 하더라고요. 사장 잘 만나는 것도 덕이라는데 고생하시겠어요. 힘내요!"라고 말실수한다. 드라마 속 이야기지만 실제 상황이었다면 대표는 그 말을 듣고 당황스럽고 불쾌감을 느꼈을 것이다.

누구나 할 수 있기에
위험한 말실수

'스푸너리즘spoonerism'이라는 말이 있다. 두음전환頭音轉換을 의미하는데, 예를 들어 'well-oiled bicycle(기름칠이 잘 된 자전거)'를 'well-boiled icicle(푹 삶은 고드름)'과 같이 발음하는 경우를 말한다. 두 단어의 첫 음을 바꿔서 우스꽝스러운 결과가 생기는 실수인데, 옥스퍼드 대학교 뉴 칼리지의 학장을 지냈던 윌리엄 스푸William Spooner가 이런 종류의 말실수를 자주 했다는 데서 스푸너리즘이라는 말이 유래됐다. '코인노래방'을 '노인코래방'이라고 부르거나, '말린 멸치'를 '멸린 말치'라고 부르거나, '삶은 달걀'을 '닮은 살걀'이라고 부르는 등 우리말에서도 이런 사례를 찾아볼 수 있다.

어느 학원의 원장이 한식당에서 된장찌개를 주문했는데 종업원이 이렇게 말했다고 한다.

"된장님, 원장찌개 나왔어요."

스푸너리즘은 인간의 머릿속에 심리적인 실체로 음절이 존재한다는 유력한 증거이기도 하다. 이 현상이 음절 단위의 동일한 위치에서 발생하기 때문이다. 즉 초성과 초성, 중성과 중성, 종성과 종성이 서로 바뀌는 경우처럼 말이다.

영화 〈내부자들〉에서도 스푸너리즘과 관련된 대사가 있다. 작중 주인공은 "모히또 가서 몰디브나 한잔할까?"라고 말한다. 본래 "몰디브 가서 모히또나 한잔할까?"가 맞는 말인데, 이는 해당 배우가 직접 아이디어를 낸 애드리브였다. 인터뷰에 따르면 내용이 시종일관 어두워 관객들이 쉬어갈 부분이 필요하다고 느껴 대사를 바꿨다고 한다. 스푸너리즘을 활용한 계획된 말실수로 웃음을 준 사례라고 할 수 있다.

우리는 누구나 말실수를 할 수 있고, 웃음을 주기 위해 일부러 말실수를 유발하는 경우도 있다. 말실수는 그 자체로 나쁘다기보다 상대가 어떻게 느끼느냐에 따라 달라진다. 분위기를 전환하는 가벼운 말실수가 될 수도 있고, 악영향을 유발하는 무서운 말실수가 되기도 한다.

비핵화 협상을 위해 북한을 방문한 마이크 폼페이오Mike Pompeo 미국 국무장관은 김정은 위원장을 수차례 '김 위원장'이 아니라 '은 위원장'이라 불러 빈축을 샀다. 성이 뒤에 있는 영어식 이름

말실수는 그 자체로 나쁘다기보다

상대가 어떻게 느끼느냐에 따라 달라진다.

과 착각했기 때문이다. 협상을 위한 진중한 자리에서 상대방의 이름을 잘못 부르는 건 큰 결례일 수 있으므로 사전에 신중하게 대비해야 한다.

비슷한 사례로 에마뉘엘 마크롱Emmanuel Macron 프랑스 대통령이 있다. 그는 통역을 통하지 않고 직접 영어로 기자회견을 하다가 말실수를 한 적이 있다. 호주를 방문해 기자회견을 하는 자리에서 말콤 턴불Malcolm Turnbull 호주 총리에게 "따뜻하게 맞아준 당신과 당신의 맛있는 아내에게 감사하다."라고 언급한 것이다. '딜리셔스delicious'와 발음이 비슷한 프랑스어 단어 '델리슈delicieux'를 혼동해서 벌어진 해프닝이었다.

프랑스어의 델리슈는 영어의 딜리셔스와 같은 '맛있는'이란 뜻도 있지만 사람에게 사용될 때는 '사랑스러운'으로도 쓰인다. 하지만 영어 딜리셔스에는 이런 뜻이 없다. 마크롱 대통령이 공개석상에서 자신의 영어 실력을 뽐내려다 국제적 망신을 당한 셈이다. 평소에도 그는 트위터에서 영어를 자주 사용하다 실수하고는 했다.

필자 역시 비슷한 실수를 목격한 적이 있다. 한 세미나에 참석했을 때의 일이다. 발표자가 내용을 완전히 숙지하지 못한 상태

내 사람도 적으로 만드는 말실수

에서 원고를 보지 않고 세미나를 진행하다 수치를 잘못 말하고 유명한 인물의 이름을 잘못 발음하는 실수를 남발했다. 당황한 나머지 말까지 더듬게 되면서 강연 내내 악순환이 이어졌다. 이처럼 너무 자기 자신을 맹신해 말실수로 이어지는 경우도 있다. 아마도 해당 강연자는 평소 자신의 프레젠테이션 실력을 과신하고 있었을 가능성이 높다.

또 상대를 무시하는 발언에서 말실수가 나오기도 한다. 출근 길에 사이드미러가 접힌 채 달리고 있는 차량이 너무 웃겨 동료에게 이야기했는데 알고 보니 그 동료의 차량이었다거나, 또 집에 에어컨이 없는 동료를 앞에 두고 "아직도 집에 에어컨 없는 집이 있어?"라고 이야기하는 등 누구나 쉽게 말실수를 할 수 있다.

우리 주변에는 말실수를 하게 될 상황과 요소들이 너무 많이 도사리고 있다. 그래서 누구나 살면서 말실수를 완벽하게 피할 수는 없다. 하지만 중요한 건 상대가 불쾌감을 느끼거나 서로에게 악영향을 미칠 수 있는 말실수는 당연히 지양해야 한다는 점이다. 물론 단기간 노력한다고 처음부터 말실수를 아예 하지 않

말실수, 되돌릴 수 없을까?

을 수는 없다. 말실수를 줄이기 위해 준비하는 자세와 노력이 필요할 뿐이다. 누구나 말실수를 할 수 있어 위험하지만, 역시 누구나 노력만으로 말실수를 줄일 수 있다. 말실수의 위험성과 부작용을 모르는 사람은 없다. 이제 말실수노트를 만들어 말실수를 줄이는 노력을 병행해보자.

실수인지 모르는 게
가장 위험하다

말실수는 습관에서 비롯되는 경우가 많다. 재미로 한 말이라 하더라도 상대방의 입장에서는 모멸감을 느낄 수 있고, 상처가 될 수 있다.

한적한 동네에 편의점이 하나 더 들어섰다. 평소 동네 편의점을 애용하던 S씨는 새로 생긴 곳이 집에서 더 가까워 퇴근길에 들러보기로 했다. 문을 열고 들어서는데 퉁명스러운 점원의 목소리가 들린다.

"뭐 줄까?"

뒤를 돌아보니 점원이 자신을 보며 한 이야기였다. 모자를 눌러쓴 편한 차림이어서 그랬을까, 아니면 그냥 나이가 어려 보여서 그랬을까? 아무리 그렇더라도 처음 본 사람에게 반말을 들으니 기분이 좋지 않았다. 결국 둘러보는 시늉만 하고 매장을 서둘러 나왔다.

집에 와서 S씨가 남편에게 편의점에서 있었던 일을 이야기했다. 그러자 남편이 만약 자신이 같은 상황을 겪었다면 똑같이 반말을 했을 것이라고 했다. 반말하는 습관을 가진 점원이 스스로 자신의 말실수에 대해 깨달아야 한다는 게 이유였다. 정말 S씨의 남편은 며칠 뒤 편의점에 가서 "쓰레기봉투 있어?"라고 반말로 대응했고, 깜짝 놀란 점원은 곧바로 반말을 멈추고 존댓말로 "네."라고 대꾸했다.

습관에서
비롯되는 말실수

말실수는 습관에서 비롯되는 경우가 많다. 자신도 모르게 반말이 튀어나오는 이유는 평소에 반말을 주로 사용했기 때문이다. 더 친근감 있다고 생각해 반말로 이야기하기도 하고, 나이 많은 사람이 반말 좀 쓰면 어떠냐는 구시대적인 생각에 반말을 하는 경우도 있다.

물론 반말이 친근감을 줄 때도 있지만 사람의 성향과 컨디션, 상황에 따라 반감이 생길 수도 있다. 고객은 아무리 나이가 어려도 존중받고 싶은 욕구를 가지고 있다. 초면에 직원에게 반말을 듣는다면 무시받는 기분이 들어 해당 매장을 다시는 방문하고 싶지 않을 것이다.

그래서 무의식중에 나오는 반말은 더더욱 심각하게 받아들여야 한다. 새로 오픈한 매장에서 중요한 건 친절한 서비스를 통해 고객들에게 기분 좋은 인식과 이미지를 심어주는 것이다. 불쑥 튀어나온 반말로 인해 실망감을 안겨주는 일이 반복된다면 매장을 방문하는 고객의 수도 점차 줄어들게 되고, 단골고객도 확보할 수 없게 된다.

20대 초반의 여성 C씨는 커피전문점에서 바리스타로 근무하고 있다. 어느 날 50대로 보이는 남자 손님이 커피를 주문하면서 "못 보던 얼굴이네, 새로 왔어?"라고 인사를 건넸다. 단골고객이라서 호기심에 묻는 말이었겠지만 반말을 들으니 썩 기분이 좋지 않았다. 또 나이가 몇인지 어디 사는지 형제가 어떻게 되는지 결혼은 했는지 등 호구조사처럼 질문이 끊이질 않았다. 처음에는 대수롭지 않게 대답했지만 C씨는 점점 기분이 불쾌해지기 시작했다.

이처럼 상대의 개인사를 불필요하게 캐묻는 것도 대표적인 말실수 중 하나다. 30대 중반의 남성 K씨도 비슷한 경험을 했다. "회사에 입사해서 힘들었던 것 중 하나는 선배들의 쏟아지는 질문이었어요. 부모님은 뭐 하시는지, 동생은 어느 대학에 다니는지, 여자친구는 있는지 없는지, 여자친구가 연상인지 연하인지, 사귄 지는 얼마나 됐는지, 결혼할 생각이 있는지 등 불필요한 질문들이 끊이지 않았죠."라고 말했다. 편한 관계에서 자연스럽게 자신의 이야기를 꺼내는 건 상관없지만 타인이 강제로 개인사를 캐묻는 건 큰 실례가 될 수 있다.

영국의 시인이자 수필가 필리스 맥긴리Phyllis McGinley는 "인간은 타인의 간섭을 받지 않는 자유, 침해되지 않는 자유를 갈망한다. 그리고 지식이나 활력소나 칭찬을 바라는 것처럼 프라이버시를 필요로 한다."라고 했다. 손님이라는 이유로, 선배라는 이유로 상대의 사적인 영역에 대해 계속 질문하면 상대에게 불쾌

내 사람도 적으로 만드는 말실수

감을 줄 수 있다. 사생활 간섭으로 느껴질 수 있으므로 개인사를 물을 때는 주의해야 한다. 상대의 프라이버시를 존중하고 이해하는 태도가 필요하다.

법정드라마 〈미스 함무라비〉에는 50대 초반의 부장이 20대 여대생 인턴사원에게 성희롱을 해 재판에 넘겨지는 장면이 나온다. 부장은 평소 인턴사원에게 "너는 허리는 너무 가는데 힙이 커!", "얼굴은 착하게 생겼는데 뒤에서 바라보면 미치겠어.", "숨겨왔던 나의 수줍은 마음 네게 모두 줄게." 등의 메시지를 보내 성적인 수치심과 불쾌감을 주었다.

하지만 변호를 맡은 변호사는 부장의 입장을 옹호하며 "소극적인 인턴사원이 회사에 적응을 못해서 그런 것이다.", "노래 가사를 이용해 농담한 것이다.", "여성은 자신의 외모에 자존감이 높아야 자신감이 높아지는 것 아닌가?", "예쁘다고 칭찬한 건데 좋은 거 아닌가?"라고 이야기한다. 광고홍보 업계는 섹시하고 자극적인 것을 중시하다 보니 농담이 세진 것이고, 막말로 어딜 만진 것도 아닌데 문제될 게 없다는 태도다. 또 성적인 의도가 있었던 건 아니라는 점을 강조하며 당당한 모습을 보인다. 하지

아무리 칭찬이라고 해도 듣는 사람에 따라
불쾌감을 느낄 수 있고, 성희롱이 될 수 있다.

만 성적인 의도가 없었다 하더라도 피해자가 성적인 수치심과 불쾌감을 느꼈다면 성희롱으로 성립된다는 점을 유념해야 한다.

칭찬과 성희롱은 구별되어야 한다. '섹시', '쭉쭉빵빵'이라는 표현은 성희롱이 될 수 있다는 게 전문가들의 일관된 견해다. 외모에 대한 평가나 발언은 특히 예민한 사안이다. 아무리 칭찬이라고 해도 듣는 사람에 따라 불쾌감을 느낄 수 있고, 성희롱이 될 수 있다. 성희롱이 될 수 있는 말은 삼가는 게 좋다.

"몰라서 그랬다."라는 흔한 변명처럼 실제로 그것이 잘못인지 모르는 사람들도 있을 수 있다. 그런 사람들은 입버릇처럼 어느 곳에서 누구를 만나든 성적인 농담을 남발한다. 그러나 유머를 가장한 성희롱일 뿐이다. 죄책감만 없을 뿐 가해자인 건 변함이 없다. 그래서 실수인지 모르는 게 더 위험하다.

최근의 사례를 보면 의도나 악의를 갖고 성희롱을 하는 경우는 드물다. 상대를 위해서 악의 없이 무심코 던진 한마디가 마음에 비수가 되어 꽂히는 경우가 더 많다. 하지만 재미로 한 말이라 하더라도 상대방의 입장에서는 성적 모멸감을 느낄 수 있고, 인권침해일 수 있다. 무심코 던진 돌에 개구리는 맞아 죽는다. 공공장소에서든 동성 간이든 상관없이 자신이 하는 농담, 발언이 상대에게 어떻게 느껴질지 한 번 더 생각하는 자세가 필요하다. 특히 무의식중에 외모를 평가하거나 지적하는 말을 삼가도록 하자. 웃어넘기는 사람이 있다고 해서 모두에게 통용된다고 생각하면 큰 오산이다.

최대한 빨리
인정하고 사과하라

사과는 빠르면 빠를수록 좋다. 말실수를 하거나 무언가 잘못된 부분이 있다고 판단되면 바로 인정하고 사과하자.

미국의 가수이자 피아니스트 사라 바렐리스Sara Bareilles의 노래 〈Say You're Sorry〉에 이런 가사가 나온다.

Just say you're sorry, no more no less

You're so good at giving me responsibility

But I want you to say you're sorry

그냥 당신이 미안하다고 말하세요. 더 이상 바라지 않아요.

당신은 나에게 책임을 미루는 걸 잘하잖아요.

하지만 난 당신이 미안하다고 말하기를 바라요.

당신은 실수를 저질렀을 때 미안하다는 표현을 잘하는가? 연인 또는 배우자, 아이들, 비즈니스 관계의 누군가 등 어떤 상황에서든 누구에게나 실수를 저지를 수 있다. 이때 잘못했다고 바로 시인하고 사과하는 사람이 있는 반면, 사과하면 자존심이 상하고 지는 느낌이 들어 절대 먼저 사과하지 않는 사람도 있다. 그리고 본심과는 다르게 상황에 떠밀려 어쩔 수 없이 한참이 지나 뒤늦게 사과를 하는 경우도 종종 보게 된다. 하지만 소중한 사람일수록 건강한 관계를 유지하기 위해 잘못을 인정하고 사과하는 태도가 중요하다.

직장인 H씨는 평소 존경하던 스승님께 선물을 하기 위해 백화점에 들렀다. H씨는 화장품을 구입하고 예쁘게 포장한 뒤 백화점의 배송 서비스를 이용했다. 받는 사람의 주소와 연락처, 성함을 적는 동안 점원은 H씨에게 회원카드가 있는지 물어보고 이름을 확인했다.

2주 정도가 지났을 때 스승님에게 전화가 왔다. 스승님은 "선

소중한 사람일수록 건강한 관계를 유지하기 위해
잘못을 인정하고 사과하는 태도가 중요하다.

물 보내준 것 잘 받았다. 그런데 보낸 사람에 이름이 적혀 있지 않아 누가 보낸 선물인지 한참 찾았다."라는 말을 했다. 당황한 H씨가 자초지종을 확인해보니, 택배를 받았는데 누가 보낸 것인지 몰라서 한참을 열어보지 않다가 백화점 연락처가 있어 수소문 끝에 발송인을 알아냈다고 한다.

선물한 사람의 이름이 빠진 채로 매장에서 택배를 보냈다는 사실이 황당하기도 하고 몹시 기분이 안 좋았다. 분명 회원카드를 보여주며 이름을 재차 확인했기 때문에 당연히 기재되었을 거라 생각했다. 택배를 부칠 때 한 번 더 확인했으면 좋았을 텐데 하는 후회도 들었다. 선물을 보낸 사람도 받는 사람도 당황스러운 상황이었다. 다음 날 매장에 전화를 걸어서 자초지종을 설명하니 이런 대답이 들려왔다.

"택배는 저희 매장에서 보내는 것이기 때문에 매장 이름으로 발송됩니다."

"아니 제가 지인에게 선물하기 위해 결제했는데요? 받는 사람 입장에서는 누가 보냈는지 알려면 이름이 적혀 있어야 하는 거 아닙니까?"

"그때 택배를 보낸 직원이 오늘 쉬는 날이라서, 내일 다시 전화주시겠습니까?"

H씨는 책임을 회피하고 자신의 입장만 고수하는 담당자의 말 때문에 더 화가 났다. 당장 매장으로 가서 따졌고 한바탕 난리가 났다. 결국 책임자가 나서서 사과를 했지만 이미 감정이 악화된 뒤였다.

처음 전화를 했을 때 "불편을 드려 죄송합니다. 저희가 꼼꼼히 확인했어야 했는데 미흡한 처리로 심려를 끼쳐 정말 죄송합니다."라고 바로 사과만 했더라도 이렇게까지 일이 커지지는 않았을 것이다.

몇 년 전, 한 정수기 회사의 얼음 정수기에서 중금속 성분인 니켈이 검출됐다. 가정집에 해당 정수기가 없는 집이 없다는 말이 있을 정도로 신뢰가 높은 회사였기에 사람들의 충격은 더 컸다. 하지만 문제는 해당 회사가 니켈 검출 사실을 1년 동안 숨겨왔다는 것이다. "양이 매우 적어 문제될 것이 없다."라고 해명한 것도 여론을 더욱 안 좋게 만들었다.

니켈의 양이 많고 적고를 떠나 니켈 검출에 대해 대수롭지 않게 생각하는 이러한 표현이 소비자들의 마음에 비수를 꽂았다.

말실수, 되돌릴 수 없을까?

1년 동안 검출 사실을 숨기고 사과가 늦은 것도 문제가 됐다. 연세대학교 커뮤니케이션연구소 강보라 전문연구원은 "사과를 빨리하는 경우에는 그 사안에 대해 객관적으로 인지하고 있다는 모습을 보여줄 수 있는 반면, 사과가 늦어지는 경우에는 뭔가를 감추려 하거나 그에 따른 책임으로부터 벗어나려고 하는 부분이 있기 때문에 부정적이다."라고 말한다.

사과는 빠를수록
효과적이다

사과는 빠르면 빠를수록 좋다. 말실수를 하거나 무언가 잘못된 부분이 있다고 판단되면 바로 인정하고 사과하자. 비즈니스에서뿐만 아니라 가정에서도 필요한 자세다. 특히 부모의 경우 어린 자녀와 대화할 때 먼저 사과하는 태도가 필요하다. 부모도 사람이기 때문에 당연히 자녀에게 실수할 때가 있다. 별것 아닌 일로 자녀에게 소리를 지를 때도 있고, 감정적으로 자녀를 다그칠 때도 있다. 하지만 부모라는 자존심 때문에 "미안하다."라는 말

내 사람도 적으로 만드는 말실수

을 삼키게 된다.

그러나 부모도 잘못을 했다면 먼저 사과를 하는 게 자녀의 성장에 도움이 된다. 부모가 본받을 수 있는 행동을 보여야 아이도 그대로 따라 배우기 때문이다. 잘못을 솔직하게 인정하고 사과하는 부모를 보면서 아이는 잘못했을 때 진정성 있게 사과하는 법을 배운다.

발표를 하거나 강연을 하는 중에도 실수가 있을 때 바로 사과하면 청중의 마음을 돌리는 데 도움이 된다. 사과는 자존심 싸움이 아니다. '내가 대표인데.', '내가 교수인데.', '내가 부모인데.' 같은 생각은 버려야 한다.

상대에게 용서를 구하기 위해서는 타이밍도 중요하다. 무심코 '사과하지 않고 넘어가도 괜찮겠지.' 하고 지나치지 말고 실수를 인지했다면 잘못한 부분을 인정하고 즉시 사과하는 습관을 지니도록 하자.

마지막으로 사과를 할 때는 상대가 진정성을 느낄 수 있도록 노력해야 한다. 매년 5월 26일은 호주에서 지정한 '사과의 날 National Sorry Day'이다. 호주의 원주민들은 1788년 이후 영국에서 온 백인으로부터 학살을 당했고, 강제노동에 동원되면서 원한을 품게 되었다. 그 뒤로 그들의 권리를 회복하기 위한 많은 노력이 있었으나 아픔의 역사는 쉽게 사라지지 않았다. 결국 이 문제에 대해 진정성 있게 사죄해야 한다는 사회운동이 시작되었고, 호주 정부는 그때의 아픔을 기억해야 한다는 뜻에서 사과의 날을 지정했다.

상대의 마음을 어루만지고 아픔에 공감하는 따뜻한 사과는 느낌부터 다르다. 호주의 사례처럼 실수를 했다면 덮으려고 하지 말고 열린 마음으로 진정성 있게 사과의 말을 건네자.

내 사람도 적으로 만드는 말실수

말실수를 줄이기 위한
노력이 중요하다

정말 중요한 건 철저한 준비와 연습이다. 말실수를 줄이고 말을 잘하기 위해서는 연습이 가장 중요하다.

대한민국 대표 '국민 MC'라는 별명으로 불리며 큰 사랑을 받고 있는 유재석은 신인 시절 대학개그제에서 수상하며 화려하게 데뷔했다. 하지만 수상 이후 무명시절이 길어지면서 마음고생을 많이 했다고 한다. 그는 데뷔 초 카메라울렁증과 마이크울렁증을 겪었고, 1998년 KBS 〈연예가중계〉의 리포터로 활동할 때는 '문화관광부'를 '문화공보부'라고 발음하는 초보적인 말실수를 하기도 했다. 지지부진한 활동이 이어지면서 화려한 데뷔도 무색해졌다.

그런 그가 어떻게 지금의 자리에까지 올라올 수 있었을까? 한 방송에서 그는 "나도 신인 때 스트레스를 많이 받았다. 가장 큰 스트레스는 미래에 대한 불안감이었다. '내일 실수하면 어떡하지? 잘해야 하는데.'라는 고민만 한다. 그리고 결국 내일 실수를 한다. 내가 생각하는 범위 내에서 최선을 다하면 안 된다. 그걸 벗어나서 최선을 다해야 한다. 그게 바로 혼신渾身이다."라고 말했다. 실제로 그는 말 그대로 혼신의 힘을 다해 카메라울렁증과 마이크울렁증을 극복해냈다.

연예인은 방송을 통해 자신의 모습이 전국으로 전파를 타 부담감을 느낀다. 그래서 실수에 대한 긴장감과 스트레스에 시달린다. 하지만 정말 중요한 건 철저한 준비와 연습이다. 걱정만 해서는 해결되는 일이 없다. 혼신을 다해서 최선을 다해야 불안감을 떨칠 수 있다. 유재석은 혼신의 힘을 다해 끊임없이 노력했고 그 결과 최고의 MC로 자리매김할 수 있었다. 말실수를 줄이고 말을 잘하기 위해서는 연습이 가장 중요하다.

처음에는 변화를 체감하지 못할 수도 있다. 하지만 포기하지 않고 끈기를 가지고 노력한다면 분명 유의미한 변화를 이끌어낼 수 있다. 그렇다면 말실수를 줄이기 위해서는 어떤 노력이 필요할까? 다음의 6단계를 살펴보자.

말실수를 줄이는
6단계 노력

1. 말실수노트 작성하기

최근에 말실수를 했다면 어떤 부분이 잘못됐는지 떠올려보고, 따로 말실수노트를 만들어서 정리해보자. 먼저 말실수한 문장 전체를 말실수노트에 적고, 그중 구체적으로 실수한 부분을 적는다. 그리고 이러한 말실수가 나온 이유에 대해 생각해보고, 앞으로 예방하기 위해 해야 할 일은 무엇인지 생각해본다.

2. 호흡, 발성, 발음 교정하기

떨리는 음성, 부정확한 발음 때문에 말실수가 나온다면 호흡과 발성, 발음을 교정해야 한다. 호흡이 불안정하면 목소리에 힘이 없게 된다. 복식호흡을 연습하면 성량을 크고 시원하게 만들 수

말실수를 했다면 어떤 부분이 잘못됐는지 떠올려보고,
따로 말실수노트를 만들어서 정리해보자.

있고 한 호흡으로 분명하게 말을 전달할 수 있다.

복식호흡을 하는 방법은 다음과 같다. 우선 한 손을 가슴에 올려놓고 나머지 한 손은 배에 올려놓는다. 배가 풍선이라고 생각하고 코로 천천히 숨을 들이마시면서 배에 호흡을 가득 채운다. 그다음 입으로 숨을 내뱉으며 배는 들어가도록 한다. 처음에는 어렵겠지만 익숙해질 때까지 반복하다 보면 자연스럽게 복식호흡을 할 수 있다.

발성연습을 하는 방법은 다음과 같다. 입을 최대한 크게 벌리고 '목의 아치(입을 크게 벌렸을 때 목구멍 입구 부분에서 목젖이 내려오는 부분까지의 둥근 부분 전체)'를 크게 열어 넓은 반달모양이 되게 한다. 그러면 목소리가 커지고 울림이 좋아진다. 이 상태에서 숨을 들이마시고 내쉬면서 배를 부드럽게 당겨 뱃심으로만 '아~' 소리를 낸다. 처음에는 5초로 시작해서 10초, 15초, 20초로 점차 소리를 길게 유지하는 연습을 한다.

발음연습을 하는 방법은 다음과 같다. 먼저 목소리를 녹음해서 자신의 잘못된 언어습관이 무엇인지 확인한다. 새는 발음은 없는지, 잘 안 들리는 단어가 있다면 어떤 모음이나 자음이 부정확한지 체크한다. 입을 크게 벌리고 혀, 입술, 구강, 비강 등 조음기관을 충분히 풀어준다. 나무젓가락을 위아래 치아로 가볍게 물고 '가갸거겨고교구규그기'라고 말하면서 모음을 먼저 연습한다. 이때 입의 모양과 크기의 변화를 의식하면서 발음한다. 그다음 '가나다라마바사아자차카타파하'라고 말하면서 자음을 연습한다. 턱과 입술, 혀끝의 움직임을 의식하면서 발음한다. 속도를 천천히 하다가 점차 빠르게 발음해본다. 어려운 발음을 끝까지 또박또박 읽는 연습을 한다.

3. 철저한 사전준비

말을 하는 장소, 시간, 상대에 대해 이해하고, 만나서 어떤 말을 하면 좋을지 주제를 미리 생각해보자. 사전준비를 철저히 하면 실수하지 않고 상황에 맞는 적절한 말을 할 수 있다. 미팅, 면접, 프레젠테이션, 일상 등에서 사용할 말을 미리 적어보는 것도 도움이 된다.

4. 편안한 마음과 바른 자세 유지하기

1장에서 언급했듯이 말은 내면의 심리를 반영한다. 긴장하거나 불편하면 그 마음이 고스란히 말로 드러날 수 있다. 가능하다면

대화 상대와 친밀해지도록 노력하고, 또 대화를 너무 잘하려고
만 하면 실수가 생길 수 있으므로 강박관념을 버린다. 하던 대
로 침착하게 평정심을 유지하고, 적절한 긴장감으로 바른 자세
를 유지한다. 그렇게 편안한 분위기를 조성하면 상대방과의 대
화가 즐거워질 것이다.

5. 말하는 상황에 집중하고 즐기기

말하는 상황에 집중하는 자세가 중요하다. 즐겁게 대화에 몰입
할 수 있도록 상대방의 말을 들으면서 고개를 끄덕이고, '아~',
'네~'와 같은 표현을 사용한다. 대화에 몰입해 말하는 상황을 즐
기다 보면 자연스러운 제스처가 나온다. 그리고 대화의 흐름을
놓치지 않은 채 적절한 답변과 호응이 이루어지도록 쌍방향 커
뮤니케이션을 한다. 즉 잘 이해되지 않거나 궁금한 사항이 생기
면 질문을 통해 대화를 이끌어나간다.

6. 억지로 너무 많이 말하지 않기

의욕이 과하게 앞서다 보면 말이 많아지고 불필요한 내용이나
표현이 나올 수 있다. 말을 많이 한다고 무조건 말을 잘하는 것

이 아니라는 점을 기억하고, 적재적소에 필요한 말을 조리 있게 해보자. 때로는 말보다 적절한 침묵이 상대에게 더 큰 신뢰를 줄 수 있다.

이렇게 노력을 했음에도 불구하고 만약 말실수를 했다면 당황하지 말고 빨리 인정하고 사과하자. 그리고 그 실수에 연연해하지 말고 다음 대화에 집중하면 된다. 돌발적인 상황이 발생하더라도 침착하게 대응하면 해결할 수 있다.

앞의 6가지를 단계별로 실천해보고, 혼자 거울 앞에서 리허설을 해보는 것도 효과적이다. 리허설은 실제 상황처럼 준비된 의상을 갖추고 최대한 생생하게 임한다. 동영상을 촬영해서 모니터링을 하면 객관적으로 문제점을 분석할 수 있고 개선하는 데도 큰 도움이 된다.

내 사람도 적으로 만드는 말실수

말에 표정을
더하라

어느 가게에서 불만을 느낀 고객이 점원에게 항의를 했다. "죄송

합니다."라는 말을 들었는데 점원이 시종일관 웃는 표정이어서

더욱 화가 났다. 소비자의 입장에서는 불합리한 일을 겪어서 항

의를 하는데 응대하는 점원은 미안한 기색이 없으니 약만 더 오

른다. 재차 따져 묻지만 점원은 여전히 웃는 얼굴이다. 만약 점

원이 말을 천천히 하면서 화가 난 마음을 헤아리는 표현과 제스

처를 취했다면 상황은 달라졌을 것이다. 설사 마음이 그렇지 않

더라도 안타까운 표정을 짓고 사과했다면 고객도 마음을 풀지 않았을까? 화가 나 있는데 웃는 얼굴로 응대를 하니 고객은 더 서운한 마음이 들었다.

똑같은 대본을 가지고 연기를 하더라도 어떤 사람이 하면 '명품연기'라 불리고, 어떤 사람이 하면 '발연기'라 불린다. 똑같은 말(대사)도 어떻게 전달하느냐에 따라 몰입도가 달라지고, 시청자가 배역의 입장을 이해하게 되는 정도도 달라지기 때문이다. 감정이입에서 말의 내용보다 더 중요한 건 바로 표현력이다. 말의 상황과 내용에 따라 적절한 표정이 더해지면 감정표현이 다양해지고 상대도 더욱 몰입할 수 있게 된다.

얼굴을 보지 못하는 전화통화에서는 어떨까? 어차피 얼굴이 안 보이는 상황이니 목소리에만 신경을 쓰면 되지 않을까? 결론부터 말하자면 그렇지 않다. 얼굴을 찡그리면 얼굴 근육에 의해 '공명강(성대 위쪽에 위치하며, 성대의 떨림으로 생긴 목소리를 진동시켜서 크게 해주는 기관)'의 크기가 줄어들어 어두운 목소리가 나오고, 웃는 표정을 지으면 공명강이 넓어져서 밝은 소리가 나온다. 그래서 성악가들은 높은 음을 낼 때 공명강을 넓히기 위해 웃는 표정을 짓는다. 따라서 전화통화에서도 얼굴이 보이지 않더라도 목소리를 밝게 내기 위해서는 표정에 신경을 써야 한다. 표정에 따라 목소리가 달라지기 때문이다. 말에 표정을 더하라는 말은 바로 이러한 뜻이다.

슬픈 일이 있어 마음이 울적할 때 전화를 받았던 경험이나, 너무 행복한 일이 있어 신이 날 때 전화를 받았던 경험을 떠올려보자. 수화기 건너편의 상대방은 자신에게 무슨 일이 있었는지 모르는 상태지만 금방 상황을 알아챈다. "무슨 일 있어? 목소리가 왜 그래?"라고 묻기도 한다. 표정을 보지 않고 목소리만으로 이상異常을 감지한 것이다. 반대에 상황에서도 마찬가지다. 공명강 때만 이해받을 수 있다.

표정은 말하기에서 3가지 역할을 담당한다. 첫 번째 역할은 진정성이다. 말과 표정이 일치하지 않으면 진정성이 떨어진다. 때로는 유머를 위해 말과 표정을 반대로 하기도 하지만, 유머를 사용할 때만 이해받을 수 있다.

두 번째 역할은 확신성이다. 긍정, 행복, 노력 등 변화와 관련된 말을 할 때 자신감 있는 표정이 없다면 말하는 사람은 물론 청중도 확신이 생기지 않는다. 긍정의 말을 할 때는 자신감 있는 밝은 얼굴이어야 청중도 신뢰감을 느낀다.

세 번째 역할은 완결성이다. 청중은 귀로만 듣는 것이 아니다. 시각적인 요소도 절대적이다. 미국의 사회심리학자 알버트 메라비언Albert Mehrabian에 따르면 말을 전달할 때 시각적인 요소가 55%, 청각적인 요소가 38%, 내용이 7%를 차지한다고 한다. 생각보다 내용이 차지하는 비중이 적어 놀랍다. 절반 이상을 차지한 시각적인 요소 55% 중 표정이 차지하는 비율은 무려 35%에 달한다. 즉 말과 표정을 일치시키면 말하기의 완결성을 높일 수 있다.

표정으로 표현력과 전달력을 높이기 위해서는 연습이 필수다. 굳어 있는 얼굴의 근육을 풀어주기만 해도 효과적이다. 몇 가지 소개하자면 다음과 같다.

- 눈썹 움직이기 : 검지손가락을 눈썹 위에 올려 위아래로 움직인다.
- 눈동자 움직이기 : 눈을 감았다가 번쩍 뜬 다음 눈동자를 상하좌우와 시계 방향으로 움직인다.

- 볼 풀어주기 : 볼에 바람을 가득 넣은 다음, 볼을 상하좌우로 움직인다.
- 입술 풀어주기 : 입술을 쭉 내민 다음 상하좌우로 움직인다.
- 입꼬리 움직이기 : 검지손가락을 양쪽 입꼬리에 올린 다음 입꼬리를 최대한 위로 움직인다.
- 입 크게 움직이기 : 입을 크게 벌린 다음 '아에이오우'를 반복한다.

얼굴 근육을 충분히 풀어준 후, 본격적으로 거울을 보면서 표정을 연습해보자. 비디오를 촬영해 스스로 만족할 만한 표정이 나올 때까지 연습하자. 말에 표정을 더하기만 해도 쉽게 청중을 사로잡을 수 있다.

1. 말실수 문장

\# 말과 표정이 일치하지 않아서 생긴 말실수는 무엇인가요?

_____

_____

_____

2. 말실수가 나온 이유

\# 말과 표정이 일치하지 않았던 이유는 무엇인가요?

_____

_____

_____

3. 앞으로 예방하기 위해 해야 할 일

\# 말에 표정을 더하기 위해서 어떤 노력이 필요할까요?

_____

_____

_____

4장

마음이 가는 대로 말도 따라간다

마음의 빗장을
풀어라

먼저 다가가는 노력을 기울이면 자신의 마음도 편안해지고 상대의 마음도 편안해진다. 그리고 어느새 서로의 마음의 빗장은 온데간데없이 사라질 것이다.

필자가 전국을 다니며 강의를 한 지도 벌써 13년이 됐다. 같은 기관에 반복해서 가기도 하지만 새로운 곳에서 강연을 요청해 가는 경우도 많은 편이다. 이제는 익숙할 법도 한데 매번 새로운 곳에서 강연할 때 기대감과 설렘, 긴장감을 느낀다. 새로운 공간에서 새로운 사람들을 만나는 일은 좋은 경험이지만 낯설고 어색할 수밖에 없다.

강연에서 익숙함이 주는 편안함은 생각보다 중요한 변수로 작

마음이 가는 대로 말도 따라간다

용한다. 강연하는 장소가 자신이 상상한 분위기가 아닐 수도 있고, 사람들의 표정이 딱딱하고 무관심해 보일 수도 있다. 낯선 상황에서 서로가 서로에게 마음의 빗장을 푸는 건 여간 어려운 일이 아니다. 하지만 어렵다고 포기한다면 진정한 소통은 이루어질 수 없다. 즐거운 소통의 첫걸음은 마음의 빗장을 푸는 데서 시작된다.

스스로 먼저
마음을 열자

그렇다면 누가 먼저 마음의 빗장을 풀어야 할까? 이왕이면 상대방이 먼저 마음의 빗장을 풀고 자신에게 다가와주면 좋겠지만 그것은 복불복에 달려 있다. 그럴 수도 있고 그렇지 않을 수도 있다는 뜻이다. 원활한 소통을 위한 가장 확실한 방법은 스스로 먼저 마음의 빗장을 풀고 상대에게 다가서는 것이다.

직장인 K씨는 경력직 입사를 앞두고 합격의 기쁨과 새로운 곳에서 일한다는 기대감에 부풀어 있었다. 드디어 첫 출근날, 그

원활한 소통을 위한 가장 확실한 방법은 스스로 먼저
마음의 빗장을 풀고 상대에게 다가서는 것이다.

녀가 기대한 상황은 부서에서 자신을 반갑게 맞이해주며 환영 인사를 해주는 것이었다. 하지만 사람들의 표정은 밝지 않았고 날카롭게 흘겨보는 사람도 여럿 있었다. 업무를 시작하기 전부터 이런 분위기를 느끼자 사람들에게 먼저 말을 붙이는 게 어렵게 느껴졌고, 어느 순간 위축되기 시작했다. 눈치를 보는 일이 많아지면서 표정도 얼어붙었고, 잦은 업무 실수로 자신감도 떨어졌다. '왜 좋은 직장을 두고 이직을 했을까?', '전에 그곳은 이렇지 않았는데.' 이렇게 후회 섞인 말들이 마음속에 가득차기 시작했다.

그렇게 한 달이 지나고 K씨의 마음에 변화가 찾아온다. 이왕 이렇게 된 거 이미 자존심도 바닥까지 떨어졌으니 더 이상 두려울 게 없다는 마음가짐이었다. 사람들에게 마음의 빗장을 열고 먼저 다가가기로 결심한 것이다. 사람들의 표정이나 눈빛이 어떻든 그만한 사정이 있겠거니 생각했다. 꼭 자신이 싫거나 미워서 그런 건 아니니까 자신감을 가지자고 생각하게 되자 말에도 변화가 생겼다. 마음이 편해지니 표정도 편안해졌고 상대의 입장을 공감하는 배려 깊은 말이 자연스럽게 나왔다.

동료를 위해 걱정도 해주고 위로도 해주고 맞장구도 쳐주니 점점 편안한 관계로 발전하게 됐다. 업무를 할 때 조언을 구하기도 하고, 자신의 단점이나 장점에 대한 이야기도 듣게 되면서 지금 회사의 업무스타일에 대해서도 고민하고 연구했다. 그렇게 시간이 흘러 K씨의 노력은 성과로 점차 드러났다.

마음에 들지 않는 상황과 분위기는 어디서나 존재할 수 있다. 상황과 편견에 따라서 사람을 미워하거나 멀리해 마음의 빗장을 걸어 잠그는 경우도 있다.

직장을 은퇴하고 창업을 마음먹은 40대 여성 J씨는 프랜차이즈 음식점을 열게 되었다. 본사에서 인테리어부터 모든 것을 지원해주니 마음을 놓고 있었는데, 오픈 당일에 청소를 하다가 메뉴판에서 여기저기 긁힌 자국을 발견했다. 그동안 본사 A팀장의 느릿느릿한 태도가 마음에 들지 않았던 그녀는 당장 전화를 해 따지듯이 항의했다. 하지만 의외로 A팀장은 차분하게 상대를 안심시키는 목소리로 바로 다시 제작해서 보내드리겠다고 말했고, 이후 신속하게 문제를 해결했다.

J씨는 그동안 A팀장을 부정적으로 대했던 자신의 태도를 반성하게 됐다. 창업을 앞두고 많이 예민해진 탓에 상대를 자신의

마음이 가는 대로 말도 따라간다

잣대로만 평가해 말과 행동이 거칠어졌던 것이다. 그녀는 그날부터 마음의 빗장을 풀게 되었고 괜찮다고 연거푸 거절하는 그에게 연신 감사의 표현을 했다. 이후 식사도 함께 하면서 편안하게 이야기도 나누고 마음을 터놓는 친구가 되었다.

그러던 어느 날, A팀장이 다른 부서로 이동하고 B팀장이 해당 지역을 맡게 됐다. 그녀는 A팀장이 너무 그리운 데다 새로 인사를 온 슈퍼바이저의 말투도 마음에 들지 않았다. 무슨 일을 할 때마다 무심코 A팀장과 비교를 하게 되었고, B팀장과의 사이는 날이 갈수록 불편해지기 시작했다. 그렇게 몇 달이 지나자 결국 일이 터지고야 말았다. 그동안 불편했던 마음이 말로 쏟아진 것이다. 마음의 빗장을 걸어 잠그자 관계도 불편해지고 말도 거칠어졌다.

그녀는 A팀장 때의 일을 떠올리며 이왕 이렇게 된 거 마음을 터놓고 이야기를 나누어보기로 결심했다. 흥분하지 않고 차분하게, 그리고 그동안의 편견은 내려놓고 사람 대 사람으로 B팀장과 인간적인 대화를 나누었다. 그러자 B팀장의 말투가 저절로 부드러워졌을 뿐만 아니라 우호적으로 자신을 도와주고 지지해준다는 느낌을 받게 되었다.

이처럼 서로에 대해 알기 전에는 마음을 열기가 쉽지 않다. 좋은 관계를 형성하기 위해서는 편견을 가지고 대하는 자세와 상대를 재는 습관을 버려야 한다. 먼저 다가가려고 노력하면 자신의 마음도 편안해지고 상대의 마음도 편안해진다. 그리고 어느새 서로의 마음의 빗장은 온데간데없이 사라질 것이다. 마음의 빗장이 사라지면 말이 온화해지고 따뜻해지면서 더 긍정적인 관계를 맺을 수 있다.

마음이 가는 대로 말도 따라간다

말의 첫 시작이
중요하다

첫마디가 전체 대화의 첫 단계인 만큼 상대에게 부담을 주지 않도록 주의해야 한다. 성공적인 말하기를 위해 첫 시작을 매력 있게 가다듬는 연습을 해보자.

200석이 넘는 좌석이 하나둘씩 채워지고 강연 시간이 다가왔다. 강연회는 대표이사의 인사말로 시작됐다. 대표이사는 "여러분, 졸지 말고 잘 들어주세요. 최근에 우리 회사에 컴플레인이 많았어요. 누구라고 얘기하진 않겠어요. 참 부끄러워서 어떻게 이런 일이 생길 수 있는지."라는 말을 쏟아내며 쉴 새 없이 직원들을 지적했다. 청중의 표정은 어두워지기 시작했다. 한숨을 쉬는 직원, 고개를 떨어뜨리는 직원 등 순식간에 분위기는 가라앉았다.

내 사람도 적으로 만드는 말실수

대표이사는 첫마디부터 부정적인 말, 안 좋은 소식, 누군가를 탓하는 말, 그리고 잔소리를 쏟아냈다. 당연히 직원들은 자리가 불편해지기 시작했다.

실제로 이런 경우는 생각보다 많다. CEO코칭을 진행하다 보면 직원들과 잘 지내고 소통하고 싶은데 함께 있을 때 자꾸 잔소리를 하게 된다며 힘들어하는 분들이 많다. 여기서 가장 중요한건 말을 할 때 자신의 입장보다는 상대의 입장에서 생각해야 한다는 점이다. 그렇기 때문에 말의 첫 시작을 주의해야 한다. 입장을 바꿔서 생각해보자. 방금과 같은 상황에서 직원들, 즉 청중이 듣고 싶은 말은 무엇이었을까?

이야기의 시작은
스몰토크가 좋다

업무로 바쁜 시간을 쪼개서 모두가 한자리에 모인 시간, 커피를 마시고 담소도 나누며 화기애애한 분위기 속에 강연을 기다리고 있던 직원들은 대표이사가 강단에 오르자 귀를 기울였다. 겉으로 내색하지는 않았지만 내심 직원들이 그 자리에서 듣고 싶었던 말은 긍정적인 말, 용기와 에너지를 줄 수 있는 격려의 말이 아니었을까?

첫 단추를 잘 끼워야 한다는 말이 있다. 말도 마찬가지다. 첫마디를 잘 시작하면 뒤에 나오는 말도 그에 맞게 따라가게 되어 있고, 이야기를 원하는 방향으로 마무리할 수 있다. 그렇다면 말은 어떻게 시작하는 것이 좋을까? 편안하게 담소를 나누듯이 스몰토크smalltalk를 활용해보자. 스몰토크란 가벼운 잡담이지만 무례하지 않은 일상의 이야기를 의미한다.

사람들은 처음부터 업무와 연관된 딱딱한 이야기로 대화를 시작하는 것을 좋아하지 않는다. 마치 편안한 사람과 여유롭게 카페에서 담소를 나눌 때처럼 힐링과 환기를 원한다. 지친 업무 속에서 그 시간만큼 달콤한 시간이 또 있을까? 공식적인 자리든 그렇지 않든 스몰토크는 서로의 관계를 친밀하게 만들어주는 힘이 있다.

식사 이후 시간이라면 식사는 맛있게 했는지, 휴가철이라면 휴가는 잘 다녀왔는지, 선거철이라면 투표는 했는지, 월드컵 시

내 사람도 적으로 만드는 말실수

사람들은 처음부터 업무와 연관된 딱딱한 이야기로
대화를 시작하는 것을 좋아하지 않는다.

즌이라면 어제 경기는 보았는지 등 최신 이슈에 대해 간략하게 화두를 던지면 된다. 소재가 떠오르지 않는다면 하다못해 날씨에 대한 이야기도 좋다. 오늘 혹은 최근에 있었던 짤막한 에피소드로 관심을 유발할 수도 있다. 에피소드에 깨달음이 있고 긍정적인 메시지가 담겨 있다면 더 좋다.

그리고 지금 현장에서 느껴지는 분위기를 그대로 표현해보자. 의상, 표정, 눈빛, 목소리 등 전반적인 분위기에 대한 느낌을 전달하거나 칭찬하는 것이다. 때로는 이를 유머로 승화시켜 웃음을 줄 수도 있다.

말을 할 때는 질문을 활용하면 도움이 된다. 질문은 청중으로 하여금 생각하게 하고 집중하게 한다. 말하는 사람이 하고 싶은 말만 나열하는 게 아니라 질문을 던짐으로써 서로 대화하듯이 즐겁게 말을 시작할 수 있다. 예를 들어 "오늘 기분이 어떠세요?"라고 질문을 하면 대부분 "좋아요!"라고 말하게 된다. 상대에게 '예스Yes'를 이끌어냄으로써 청중의 기분을 좋게 만들고 분위기도 좋게 만드는 효과가 있다.

언제 시간이 이만큼 흘렀는지 모를 정도로 집중하게 될 때가

내 사람도 적으로 만드는 말실수

있고, 너무 지루해서 시간이 멈춘 것처럼 느껴질 때가 있다. 좋은 말하기는 오프닝부터 자연스럽고 매끄러워 몰입도가 높다. 그래서 더더욱 말의 첫 시작이 중요하고 오프닝을 잘 열기 위한 연습이 필요하다.

만약 면접을 앞두고 있다면 첫 시작을 여는 인사와 자기소개를 충분히 연습해야 한다. 대학교 면접코칭을 진행해보면 2주 동안의 교육을 통해 반복적으로 실습했음에도 불구하고 모의면접에서 인사말부터 꼬이는 사례가 많다. 시작부터 자신감 없는 모습을 보이면 이후 어떤 내용을 이야기하든 면접관에게 실망감을 안겨주게 된다. 인사를 할 때는 상대의 눈을 바라보고 밝은 표정으로 자신감 있게 "안녕하십니까?"라고 명쾌하게 말해야 한다. 목소리와 자세로 좋은 인상을 심어준 뒤, 주어진 시간에 맞춰 자기소개를 임팩트 있게 전달하면 준비된 인재로서 신뢰감을 줄 수 있다.

결국 말의 시작은 말하는 장소와 시간, 상태에 따라 알맞은 목소리로 적절한 언어를 구사했을 때 더욱 빛을 발한다. 아무리 재미있고 관심이 가는 주제라도 목소리가 잘 들리지 않고 험악한 표정과 비하하는 표현으로 혐오감을 준다면 말하기는 실패

마음이 가는 대로 말도 따라간다

할 수밖에 없다.

첫마디가 전체 대화의 첫 단계인 만큼 상대에게 부담을 주지 않도록 주의하자. 첫마디가 꼬이면 치명적인 말실수를 할 수 있다. 성공적인 말하기를 위해 첫 시작을 매력 있게 가다듬는 연습을 해보자.

말도 급하면
체한다

말을 할 때 불안함을 느끼면 말실수가 더 잦아지고, 말실수가 잦아지면 걷잡을 수 없는 고통스러운 사고가 생긴다.

필자의 두 번째 직장은 첫 번째 직장보다 업무 강도가 센 곳이었다. 그래서일까? 매일 심리적인 부담감과 스트레스로 일찌감치 출근을 해도 마음이 급하고 초조했다. 아침에 마시는 커피 한 잔에도 체하기 일쑤였다. 휴식시간에 커피가 주는 여유로움은 온데간데없이 심리적인 불안감 때문에 소화불량을 일으켰다. 말도 똑같다. 말을 할 때 불안함을 느끼면 말실수가 더 잦아지고, 말실수가 잦아지면 걷잡을 수 없는 고통스러운 사고가 생긴다.

사내강사인 N주임은 회사에서 모범적인 업무 수행과 강의능력으로 인정받았다. 하지만 그런 그녀에게도 흔히 말하는 '흑역사'가 있었다. 입사한 지 얼마 되지 않았을 때 첫 프레젠테이션을 앞두고 벌어진 사고였다. 빔프로젝터에 문제가 생겨서 우왕좌왕 정신이 없고 난감해하고 있을 때, 누군가가 빔프로젝터 쪽으로 다가오자 순간적으로 예민한 탓에 "아 진짜 뭐예요?"라고 손사래를 쳤다. 순간 자신도 놀라서 정신을 차리고 상대를 보니 입사 때부터 아낌없이 칭찬을 해주고 이끌어준 K차장이었다. 그는 문제가 생긴 것 같아서 도와주려고 하다가 그녀의 돌발 발언에 깜짝 놀라 머쓱하게 자리로 돌아갔다. 후에 정식으로 찾아가 거듭 죄송하다고 사과를 드렸지만 그녀는 지금도 K차장을 볼 때마다 죄책감을 느꼈다.

가수 겸 배우 이승기는 천상효자로 소문나 있다. 그가 예능 프로그램에 게스트로 출현해 "내가 결정적인 사고 때문에 '바르고 착하게 살 필요가 있다'고 생각하게 된 계기가 뭘까?"라는 문제를 냈는데, 많은 오답 속에서 놀랍게도 정답은 "상대방 차에 막말을 했는데 알고 보니 어머니 차였다."였다. 차가 밀리고 있는 상황에서 급하고 초조하다 보니 앞의 차가 누구인지 모르고 막말부터 나온 것이다.

우리 주변에도 비슷한 사례가 많다. 어떤 사람이 앞의 차가 너무 느릿느릿 가서 경적을 계속 울리고 욕을 했는데 알고 보니 회사 대표님의 차량이었다고 한다. 차주가 누구인지 뒤늦게 알아챈 후에는 차에서 한참 동안 내리지 못하고 후회했다. 그 뒤부터 항상 급하더라도 행동과 말에 조심을 하게 되었다.

마음이 급할수록
돌아가자

뜻하지 않은 일로 스트레스를 받게 되면 분노의 감정을 느끼게 되고, 술을 마시면 평상시보다 흥분하게 된다. 이처럼 감정의 기복이 심해지면 말실수를 하게 될 확률이 높아져 막말이 나올 수 있다.

최근 한 이비인후과에서 수술을 받은 Y씨는 황당한 일을 겪었다. 코막힘에 시달리던 그는 수술 당일 담당 의사의 태도가 불

친절하고 술 냄새까지 나서 불안한 마음에 스마트폰 녹음기를 켜고 수술실에 들어갔다. 그리고 녹음된 음성을 통해 3시간가량 진행된 수술에서 의사가 자신을 향해 반복해서 욕설을 했다는 사실을 알게 됐다. 병원 측에서는 굉장히 힘든 수술이라 의사가 화가 나서 혼잣말로 이야기한 것이고, 술은 전날에 마신 거라고 증언했지만 쉽게 납득이 되지 않는 변명이었다. 이후 잘못을 인정하고 환자에게 사과의 입장을 밝혔지만 의사의 막말로 병원은 이미지에 큰 타격을 입게 됐다.

우리는 순간에 벌어진 어떤 사건 때문에 치밀어 오르는 화를 억누르지 못하고 막말을 일삼는 경우를 심심찮게 보게 된다. 사람이라면 당연히 화가 났을 때 심장박동이 빨라지고 혈압이 오른다. 호흡도 불규칙해진다. 이 상태에서 입을 열게 되면 말이 빨라지고 목소리톤도 신경질적인 톤으로 변한다. 이때는 부정적이고 인신공격을 하는 말, 상대방을 비하하고 낮추며 무시하는 말 등이 거침없이 쏟아질 수 있다. 상대방은 굉장한 충격과 상처를 받게 된다.

급할 때일수록 돌아가라는 말이 있다. 마음이 급하면 그 순간

우리는 순간에 벌어진 어떤 사건 때문에 치밀어 오르는 화를
억누르지 못하고 막말을 일삼는 경우를 심심찮게 보게 된다.

에는 아무것도 보이지 않고 어떤 것도 들리지 않는다. 초조함 때문에 정신이 혼미해지고 상황을 온전히 파악하기가 어려운 탓이다. 그래서 마음이 급해지고 화가 나기 시작할 때를 조심해야 한다. 그때는 숨을 천천히 깊게 들이쉬고 내쉬며 10번 정도 천천히 호흡을 반복해보자. 그리고 시원한 물을 마시고 잠시 안정을 취하도록 한다.

화가 난 상태에서는 말을 되도록 하지 말고 짧게는 1분, 길게는 10분 이상 침묵하면서 천천히 생각해보도록 하자. 어떤 말을 하는 것이 적절할지, 지금 상황은 어떤 상황인지 찬찬히 되짚어보면 격한 감정은 가라앉는다. 말도 급하면 체한다. 차분하게 길을 천천히 돌아가는 느낌으로 주의를 환기시키고 원하는 결과가 나올 수 있도록 긍정적인 방법을 모색해 신중하게 말해보자.

말보다 말투가
더 중요하다

목적과 상황에 따라 다른 말투를 적절히 사용할 줄 알아야 한다. 말투로 인해 오해를 불러일으킬 수 있고, 신뢰감을 떨어뜨릴 수도 있기 때문이다.

전화는 일상에서 없어서는 안 될 중요한 의사소통 수단이다. 전화를 통해 안부를 묻기도 하고 업무를 하거나 어느 장소를 방문하기 전에 궁금한 사항을 확인하기도 한다. 물론 문자메시지나 메신저를 통해 대화할 수도 있지만, 전화는 곧바로 피드백이 가능하다는 장점이 있고 사람의 목소리로 직접 전달받는 느낌이 주는 매력이 참 크다.

전화를 거는 입장과 받는 입장에서 생각해보면 전화를 걸 때는 대부분 자신이 바쁘지 않은 편안한 시간일 때가 많다. 또 무언가 필요에 의해서 연락을 취할 때가 많다. 그럴 때 자신의 말투는 어떠한가? 아무래도 부탁하는 입장인 만큼 부드럽고 유순하며 밝고 쾌활할 가능성이 크다.

하지만 전화를 받을 때는 어떠한가? 바쁘고 곤란한 상황이거나 반갑지 않은 전화일 때는 딱딱하고 사무적인 말투를 쓴다. 어떤 경우에는 화를 낼 때도 있다. 가까운 사람에게 전화가 걸려왔을 때도 상황에 따라 화를 내는 말투로 받을 때가 있고 웃으면서 기분 좋은 말투로 받을 때가 있다. 이렇게 우리는 자신의 필요에 따라 전화를 하거나 받을 때 말투가 크게 달라지는 경우를 종종 경험한다.

말투란 말을 하는 버릇이나 모습을 뜻한다. 말투는 그 사람의 습관이나 성격을 짐작할 수 있는 판단의 기준이 되기도 한다. 목소리톤이나 억양 등으로 상대방의 습관과 성격을 어느 정도 예측할 수 있다.

기업에서 직원들을 채용하기 전에 서류심사를 한 후 면접 안내를 반드시 전화로 하는 곳이 늘고 있다. 그 이유는 발신인이 누구인지 모르는 상태로 전화를 받을 때 지원자의 평소 습관과

자신의 필요에 따라 전화를 하거나 받을 때
말투가 크게 달라지는 경우를 종종 경험한다.

성향이 그대로 드러나기 때문이다. 똑같이 "여보세요!"라고 전화를 받지만 분위기는 천차만별이다. 힘이 없고 가느다란 말투, 짜증 섞인 무뚝뚝한 말투, 신뢰감을 주는 말투 등 지원자의 반응은 각양각색이다. 어떤 경우에는 친구인 줄 알고 반말로 화를 내면서 전화를 받아 본인도 놀라고 면접담당자도 놀란 일이 있다고 한다. 지원한 회사에서 온 전화라는 것을 알고 말투를 다듬어보지만 이미 면접담당자의 머릿속에 각인된 부정적인 인식은 바꾸기가 쉽지 않다.

부정적인 말투 습관은
반드시 고쳐야 한다

어떤 장소에 있든 어디에서 전화가 걸려오든 자신의 말투를 되돌아보고 신경 써야 한다. 평소 자신의 말투를 점검하는 데 주변인들의 조언이 큰 도움이 된다. 결혼 5년차 주부 B씨는 결혼 전 시댁에 인사를 드렸는데 남편으로부터 "어머니가 당신이 약간 반말을 한다고 하시더라고."라는 말을 들었다. 이 말을 들은

B씨는 깜짝 놀랐다. 자신이 그럴 리가 없다고 생각했지만 어른들과 대화한 것을 떠올려보니 반말을 했다는 걸 깨달았다. 맞장구를 치면서 "네, 맞아요!"라고 하면 되는데 자신도 모르게 "네, 그렇다니까!"라고 말이 튀어나왔던 것이다.

동료와 친구 사이에서는 반말이 친근감을 줄 수 있지만 어른들이 있는 자리에서는 자칫 버릇없어 보일 수 있다. B씨는 그때부터 반말 습관을 항상 인식하고 말할 때 주의를 기울인 결과 현재는 많이 개선되었다고 한다.

직장인 C씨도 주변인의 도움을 받았다. 프레젠테이션을 할 때마다 자신도 모르게 '그러하듯이'라고 하는 말버릇이 있었는데, 처음에는 사람들이 웃어도 왜 웃는지 몰랐다고 한다. 나중에 선배로부터 이것이 '그러하듯이'가 아니라 '그라듯이'라고 들렸고, 어감이 사투리처럼 여겨져 표준어로 신뢰감을 주어야 하는 프레젠테이션 자리에서는 적합하지 않다는 조언을 들었다. 이후 노력을 통해 이러한 말투 습관을 고치게 되었다.

2018년 5월, 박지성 SBS 해설위원의 기자간담회가 있었다. 2002년 월드컵 때부터 주목을 받기 시작한 그는 맨체스터 유나

이티드에서 활약해 많은 스포트라이트를 받았다. 그런 그에게 동료 축구인들이 입을 모아 했던 이야기는 "지성이는 감독은 하지 않을 거야. 그런데 해설은 더더욱 안 할 거야."였다.

그도 그럴 것이 박지성은 내향적인 성격 탓에 늘 카메라 앞에 서기를 꺼렸고, 수줍은 표정과 눈빛, 다소 어눌한 말투가 해설위원과는 거리가 멀었기 때문이다. 하지만 그는 월드컵 해설위원이 되었고 이를 위해 다양한 중계경험을 쌓았다. 실전경험이 중요해 기회가 있을 때마다 해설에 참여했다. 집이 있는 런던과 한국을 오가며 거의 실전과 같은 리허설을 열심히 진행했는데, 이때 그의 아내 김민지 전 아나운서에게 구체적인 조언을 받아 말투를 개선했다고 한다. '~라고 생각합니다.'라는 말투를 많이 사용하는 편이었는데 아내가 리허설을 들은 뒤 "시청자들은 당연히 당신이 그렇게 생각한다는 전제하에 듣고 있으니까 어떻게 생각한다는 표현보다는 직접적으로 전달하는 것이 낫다."라는 조언을 주었다고 한다.

우리는 말투로 사람을 판단한다. 급한 말투, 더듬는 말투, 느린 말투, 꼼꼼한 말투 등 다양한 말투로 사람의 성격을 예측할 수 있다. 따라서 자신의 역할에 따라 말투도 달라져야 한다. 누구와 대화를 하고 어떤 자리에서 말을 하느냐에 따라 말투는 더 중요하다. 친한 사람들 사이에서의 말투, 웃어른과 아랫사람으로서의 말투, 공식적인 자리에서의 말투, 면접 장소에서의 말투, 연설장에서 강사로서의 말투 등 목적과 상황에 따라 다른 말투를 적절히 사용할 줄 알아야 한다.

말투로 인해 오해를 불러일으킬 수 있고, 신뢰감을 떨어뜨릴 수도 있다. 자신에게도 상대에게도 도움이 되지 않는 불필요한 부정적인 말투 습관이 있다면 반드시 고칠 수 있게 노력해야 할 것이다.

마음이 가는 대로 말도 따라간다

입버릇이
현실이 된다

끊임없이 노력하면서 자신의 잠재력을 발휘할 수 있는 긍정적인 말로 입버릇을 바꿔야 한다. 입버릇만 바꿔도 우리는 모든지 해낼 수 있다.

〈아리랑 목동〉, 〈비 내리는 호남선〉, 〈섬마을 선생님〉, 〈초우〉 등 여러 명곡을 남긴 작곡가 박춘석. 그는 평소 "내 애인은 오로지 작품일 뿐이다.", "노래와 결혼했다."라고 입버릇처럼 말했다고 한다. 노래에 대한 애정이 창작에 큰 영향을 주었고, 대중가요 역사상 국내 최다인 2,700여 곡을 작곡해 현재 1,168곡이 한국음악저작권협회에 등록되어 있다. 그는 자신의 말처럼 40여 년간 창작 활동을 펼치며 실제 평생을 독신으로 지냈다.

내 사람도 적으로 만드는 말실수

평소 자신의 입버릇을 되돌아보자. 무심코 나온 한마디의 말은 그냥 흘러지나가는 말이 아니다. 자신의 마음속에 박힌 한마디이자, 머릿속에 각인되어 무의식적으로 반응하면서 나오는 한마디다.

필자의 중학교 시절, 버스를 타고 통학을 할 때 항상 마주치던 고등학생 언니가 있었다. 입고 있는 교복을 보니 그녀가 다니는 학교는 공부를 잘하기로 소문난 모 여자고등학교였다. 시간이 흘러 자연스럽게 이름 모를 언니를 선망하게 된 필자는 그때부터 자신도 모르게 "난 ○○여고에 진학할 거야."라고 입버릇처럼 말하게 됐다. 이후 같은 고등학교에 다니는 사람들을 보기만 해도 가슴이 설렜다. 그렇게 시간이 흘러 중학교를 졸업하게 된 필자는 정말 해당 학교에 진학했다.

물론 단순히 입버릇만으로 필자가 해당 학교에 진학할 수 있었던 건 아니다. 입버릇이 동기가 되고, 동기가 강해져 꿈이 되고, 꿈을 이루기 위해 자연스럽게 노력하게 되면서 결국 말이 현실이 됐다. 만일 습관처럼 "난 ○○여고에 진학할 거야."라는 말을 하지 않았다면 금방 동기를 잃고 노력은 작심삼일이 되어 흐지부지됐을 것이다.

마음이 가는 대로 말도 따라간다

입버릇이
미래를 바꾼다

입버릇이란 입에 배어 굳은 말버릇을 의미하는데, 입버릇에 따라 우리의 미래는 긍정적인 방향으로 바뀔 수 있다. 반대의 경우도 마찬가지다. 우리는 다양한 말을 듣고 자란다. 미국 모 교도소의 통계에 따르면 수감자의 90%가 성장하는 동안 부모로부터 "너 같은 녀석은 결국 교도소에 갈 거야."라는 소리를 들었다고 한다.

괴테는 "인간은 보이는 대로 대접하면 결국 그보다 못한 사람을 만들지만, 잠재력대로 대접하면 그보다 더 큰 사람이 된다."라고 말했다. 즉 겉으로 보이는 것이 전부가 아니란 이야기다. 누구나 다 잠재력을 가지고 있다. 그래서 잠재력을 발휘할 수 있는 말을 스스로 자주 하고, 또 자주 들으면서 자라면 더 크게 성장할 수 있다.

아이돌그룹 방탄소년단이 화제다. 한국 가수 최초로 '빌보드 200' 차트에서 1위를 기록했다. 영어가 아닌 외국어로 된 앨범

잠재력을 발휘할 수 있는 말을 스스로 자주 하고,
또 자주 들으면서 자라면 더 크게 성장할 수 있다.

이 1위에 오른 건 12년 만이라고 한다. 방탄소년단은 중소기획사에 소속되어 있다 보니 다른 대형기획사의 아이돌에 비해 앨범을 미디어로 홍보할 기회가 적었고, 데뷔 초창기 때만 하더라도 열악한 환경 속에서 많은 어려움을 겪었다. 하지만 인고의 시간을 거쳐 대중들에게 노력을 인정받았고, 현란한 퍼포먼스로 팬들의 마음을 사로잡았다. 대형기획사의 도움 없이 오로지 노력만으로 스타의 반열에 오른 것이다.

방탄소년단을 기획한 방시혁 프로듀서는 이렇게 말한다. "제가 방탄소년단을 기획하기 전에 지방에서 막 올라온 어린 그들을 처음 만났을 때, 솔직히 지금과 같은 미래를 꿈꾸지는 못했습니다. 그렇지만 각자가 각 분야에서 이미 어느 정도 실력을 인정받은 멤버들이었기 때문에 이 빛나는 재능을 가진 친구들과 함께 의미 있는 무언가를 만들어낼 수 있을 것 같다는 확신이 있었습니다."

확신을 가지고 말하면 현실이 될 수 있다. '내가 과연 할 수 있을까?', '내가 그렇게 될 수 있을까?' 걱정하고 불안해하지 말고 말로써 먼저 선언하자. 그리고 그 말에 확신을 더하기 위해 노력하고 또 노력한다면 이루지 못할 것은 없다. 필자 역시 처음 창업을 할 때도, 그리고 처음 책을 쓸 때도 확신을 가지고 "할 수 있다."라고 말했고 그것을 이루기 위해 끊임없이 노력했다.

'영원한 챔피언'이라 불리는 권투 선수 무하마드 알리Muhammad Ali는 경기에 앞서 이렇게 말했다. "지난번 내가 버그너와의 경기에서 진주만 기습처럼 행동했다면, 오늘은 나비처럼 날아서 벌처럼 쏠 것이다." 그리고 실제로 그는 자신의 말을 지켰고, 챔피언 벨트를 손에 쥐었다. 후에 그는 은퇴하면서 또 이렇게 말했다. "나의 승리의 절반은 주먹이었고, 절반은 승리를 확신한 나의 말이었습니다."

알리의 말처럼 우리의 말도 현실이 될 수 있다. 그래서 "나는 물만 먹어도 살이 찐다."처럼 부정적으로 단정 짓는 말은 결코 도움이 되지 않는다. 될 수 있고 할 수 있다는 확신을 가지고 자신의 입버릇을 긍정적인 말로 바꾸면 정말로 미래를 좋은 방향으로 바꿀 수 있다.

우리는 흔히 무언가를 시작하기 전에 스스로 자신의 한계를 긋고 새로운 시도에 방해가 되는 말을 습관처럼 내뱉는다. 부정적인 말을 되뇌면서 실제로 해야 할 일을 제대로 하지 못하는

마음이 가는 대로 말도 따라간다

악순환을 반복한다. 물론 어떤 일이든 새로운 것을 시도할 때는 막연한 두려움이 생기기 마련이다. 이를 극복하기 위해서는 끊임없이 노력하면서 자신의 잠재력을 발휘할 수 있는 긍정적인 말로 입버릇을 바꿔야 한다. 입버릇만 바꿔도 우리는 모든지 해낼 수 있다.

전두엽을 자극하는
존댓말 효과

영화계에서 절친으로 유명한 배우 정우성과 이정재. 두 사람은
의기투합해 종합 엔터테인먼트 회사를 설립했다. 많은 대화를
나누다 심사숙고 끝에 합리적이고 체계적인 회사를 만들어보자
는 취지로 뭉쳤고, 설립 당시 "20년 이상 배우로서 히스토리를
만들어온 경험을 바탕으로, 소속 배우이자 동반 설립자로 의기
투합해 풍성한 하모니를 낼 수 있는 회사를 만들겠다."라는 각
오를 밝혔다.

정우성은 이정재와의 우정에 대해 한 예능프로그램에 출연해 이렇게 말했다. "우리는 서로 존댓말을 쓰는 게 편하다. 서로 배우로서 존중하는 것이다. 깍듯하게 대하지는 않지만 '오늘 뭐하세요?' 이런 식으로 이야기한다. 친구라고 가볍게 대할 수 있는 부분도 한 번 더 생각하고 행동하니까 실수할 일도 없고 싸우지도 않게 된다."

아무리 친한 사이라 하더라도 갈등이 생길 수 있다. 특히 비즈니스에서 동업을 한다는 건 친분과 상관없이 굉장히 힘들고 어려운 일이다. 그럼에도 불구하고 그들은 지금까지 많은 명품 배우들을 영입하고 관리하며 안정적으로 회사를 운영하고 있다. 서로에 대한 신뢰와 존중이 바탕이 되어 시너지 효과를 내고 있는 것이다. 존중하는 마음을 그저 마음에서 그치지 않고 존댓말로 표현한 결과라고 할 수 있다.

한 프로그램에서 부부가 운전연수를 하는 장면이 나왔다. 상대의 서툰 운전 솜씨 때문에 싸움이 벌어지자 제작진 측에서 서로 존댓말을 사용할 것을 권유했다. 처음에는 어색했지만 말끝을 '~요.'로 끝내며 조금씩 존댓말을 사용하기 시작했고, 그렇게 존댓말을 계속 사용하자 목소리톤이 차분해지고 부드러워졌다. 그리고 어느 순간 상대를 자연스럽게 칭찬하기도 했다. 운전연수가 끝난 뒤에는 다정한 잉꼬부부가 따로 없었다.

필자 역시 신혼 때는 각기 다른 환경에서 자라 서로 다른 성향을 가진 탓에 사소한 문제로 남편과 말다툼을 했다. 그런데 서로를 존중하는 마음으로 존댓말을 사용하기 시작하면서 싸우는 일이 적어졌다. 기분이 좋을 때 좋은 기분을 표현하기 위해 존댓말을 사용하기도 하고, 때로는 마음에 들지 않는 순간이나 화가 나려고 할 때 남편과 기분 나쁘지 않게 소통하기 위해 존댓말을 사용한다. 이렇게 존댓말을 쓰면 흥분하지 않고 자신의 입장을 전달할 수 있어 다툼을 줄이는 효과가 있다.

실제로 존댓말은 두뇌 발달을 촉진하는 효과가 있다. 존댓말을 사용하는 것만으로도 정서와 관련된 뇌의 전두엽이 자극된다. 또 존댓말을 쓰면 이성적인 판단과 언어를 관장하는 측두엽이 발달하면서 소통능력이 향상된다.

학교 주변이나 뉴스를 통해 많이 듣는 용어가 있다. 집단 따돌림과 비속어, 학교폭력 등이다. 이러한 문제들 때문에 학교를 다니는 학생과 학부모의 고민이 이만저만이 아니라고 한다. 모두가 평온하게 즐거운 학교 생활을 할 수 있는 방법을 모색하기 위해 한 학교에서 캠페인을 진행했다. 학교의 모든 구성원, 즉 교사와 전교생 모두가 존댓말로 대화하기로 한 것이다. 학생들이 선생님에게 존댓말을 사용하는 것은 물론이고 친구들에게도 존댓말을 사용하게 했다. 이후 학교의 모든 공간뿐만 아니라 집에서도 존댓말을 쓰도록 권장했고, 그렇게 존댓말을 통해 서로를 존중하면서 소통하기 시작했다.

처음에는 어색해하던 학생들도 "선생님께서 존중해주시는 느낌이 든다.", "친구들 사이에서도 말다툼이 거의 없고, 있다 하더라도 흐지부지 끝나는 일이 많다.", "욕하는 학생이 거의 없어졌다." 등의 반응을 보였다. 존댓말을 사용하면서 자존감이 높아지고 감정을 조절하는 능력이 높아진 것이다. 존댓말은 학교 폭력의 중요한 해법이 되었다. 서로를 비난하고 무시하는 단어가 없어지면서 학교뿐만 아니라 가정에서도 말다툼이 적어졌다.

존댓말은 말을 조심성 있게 하도록 도와주고, 듣는 사람으로 하여금 존중받고 있다는 느낌을 준다. 그래서 존댓말은 단순히 상대를 높이는 표현법에 국한되지 않는다. 존댓말을 쓸 때는 '존중과 배려'의 마음이 필요하다. 상대를 존중하지 않고 무시하면서 딱딱하게 쓰는 존댓말은 의미가 없다. 어떤 사람을 만나도 편견 없이 존중하는 마음으로 부드럽고 따뜻한 말을 건네보자. 좋은 느낌을 가지고 존댓말을 사용하면 누구와 만나든 긍정적인 관계를 형성할 수 있다.

내 사람도 적으로 만드는 말실수

1. 말실수 문장

존댓말을 쓰지 않아서 했던 말실수는 무엇인가요?

_____

_____

_____

2. 말실수가 나온 이유

존댓말을 사용하지 않았던 이유는 무엇인가요?

_____

_____

_____

3. 앞으로 예방하기 위해 해야 할 일

일상에서 존댓말을 자주 쓰기 위해 어떤 노력이 필요할까요?

_____

_____

_____

5장

말실수로 꼬인 관계, 어떻게 풀어야 할까?

너와 나의
연결고리를 찾아라

운이 좋다면 금방 공감대를 찾아 친해질 수 있지만 대부분은 쉽게 풀리지 않는다. 그래서 우리는 공감대를 찾는 노력을 멈추지 말아야 한다.

강연을 위해 서울에서 강원도 삼척으로 출발하는데 기분이 매우 들떴다. 어머니의 고향이 강원도 삼척인 데다 어린 시절 해수욕장에서 보았던 맑고 깨끗한 풍경이 아직도 잊혀지지 않아서다. 물에 빠져 큰일이 날 뻔하기도 했었지만 필자에겐 그리운 추억이 많은 곳이었다. 그래서 강연장에 도착한 뒤 간단하게 인사를 나누고 필자의 추억 이야기로 강연을 시작했다. 처음 만난 청중들이었지만 '삼척'이라는 지역에 대한 공감과 유대감으로 서

말실수로 꼬인 관계, 어떻게 풀어야 할까?

로 연결되는 느낌을 받았다. 마치 오랜만에 만난 친구처럼 친밀감을 느끼며 즐거운 시간을 보냈다.

처음 누군가를 만나서 친해지는 건 쉬운 일이 아니다. 서로에 대해 잘 알지 못하기 때문에 조심스럽고 약간은 불편한 느낌도 든다. 하지만 서로 공감할 수 있는 '공감의 대화'를 나누면 상황이 달라진다. 처음에는 함께 있는 시간이 불편하고 길게 느껴지지만 서로에 대해 공감하기 시작하면 '언제 이렇게 시간이 흘렀지?'라고 생각하게 된다.

영업이나 협상을 할 때 상대방의 관심을 끌기 위한 가장 좋은 방법이 바로 공통점 찾기다. 예를 들어 업무 때문에 누군가를 만나 제품을 홍보하고 설득하려 할 때 상대방과 비슷한 프로젝트 경험이나 실적, 업무 경험이 있다면 연결고리가 쉽게 생긴다.

한 결혼정보회사에 입사한 K실장은 면접에서 자신이 실제로 이 회사를 통해 좋은 사람과 결혼했다는 생생한 스토리로 면접관의 마음을 사로잡았다. 한 패션회사에 입사한 L과장 역시 해당 브랜드의 가방과 슈즈를 착용하고 면접장에 찾아가 연결고리를 만들었고, 백화점 매장에 직접 방문해 브랜드를 분석한 내용을 이야기해 면접관을 흡족하게 했다.

비즈니스뿐만 아니라 일상생활에서도 상대와의 연결고리를 찾으면 호감이 생기고 친밀해지는 효과가 있다. 그렇다면 어떻게 연결고리를 찾을 수 있을까? 우선 상대를 면밀히 관찰해보자. 사용하고 있는 물건, 착용하고 있는 의상, 상대의 표정, 메이크업, 헤어스타일, 키 등 외형에 대한 다양한 질문을 할 수 있고, 나이에 대해서 물었을 때 동갑이거나 띠동갑인 경우에도 연결고리를 찾을 수 있다. 형제 관계에서 연결고리가 나올 수도 있고, 다녀온 여행지나 거주지, 취미에서 연결고리를 찾을 수도 있다. 취향이 비슷하거나 성격이 비슷한 데서 공통점이 나오면 더욱 친해지는 계기가 된다.

SBS 예능프로그램 〈미운 우리 새끼〉에 출연한 배우 김수미는 유쾌한 입담과 정감 있는 멘트로 출연자들과 시청자들에게 즐거움을 주었다. 가수 김건모의 어머니는 그녀를 보며 "김수미 씨와 나는 비슷한 게 많다. 리처드 기어를 좋아하는 것도 그렇고, 스스로 지혜롭다고 하는 것도 그렇다."라고 말했다. 그러자 김수미는 "우리 모임 만들어요."라고 화답한다. 서로 비슷한 점을

비즈니스뿐만 아니라 일상생활에서도 상대와의
연결고리를 찾으면 호감이 생기고 친밀해지는 효과가 있다.

발견하자 상대에게 호감을 느끼고 앞으로도 자주 만났으면 좋겠다고 느낀 것이다.

연결고리를 찾아
좋은 관계를 만들자

1인 가구가 450만 가구에 달하면서 혼자 사는 삶의 부작용도 그만큼 커지고 있다. 그래서일까? 최근에는 쉐어하우스가 청년들 사이에서 인기다. 비싼 월세와 외로움, 안전과 보안을 해결하기 위한 대안으로 쉐어하우스라는 공동주거 형태가 떠오르고 있는 것이다. 처음에는 여러 명의 입주민들이 모여 함께 거주하는 데 의미가 있었다면, 최근에는 비슷한 취향을 가진 사람들이 함께 거주할 수 있도록 테마를 정해 입주민을 모집하는 곳이 늘고 있다. 서로 성향이 다른 사람들이 함께 한 공간에 머무르면서 적지 않은 갈등이 발생했기 때문이다.

비슷한 취향을 가진 사람들이 모이면 쉽게 공감대를 형성할 수 있고, 만일 같은 분야에 있는 선후배라면 조언도 얻을 수 있다. 이렇게 애초에 비슷한 사람끼리 모이면 연결고리는 훨씬 빨리 형성된다. 하지만 일상에서는 쉐어하우스처럼 입맛에 맞춰 사람을 골라 만날 수 없다. 운이 좋다면 금방 공감대를 찾아 친해질 수 있지만 대부분은 쉽게 풀리지 않는다. 그래서 우리는 사람들과 만나고 좋은 관계를 형성하기 위해 공감대를 찾는 노력을 멈추지 말아야 한다. 연결고리를 찾는 일에 능숙해지면 관계에 대한 고민도 술술 풀릴 것이다.

프리허그보다
힘이 센 프리리스닝

프리리스닝은 어렵지 않다. 누군가 자신의 말에 집중해주면 스스로의 존재와 가치가 상대에게 인정받는다는 느낌이 든다.

핀란드의 한 광장에 남자가 피켓을 들고 서 있다. 피켓에는 이렇게 적혀 있다. "Touch Me. I'm HIV Positive." 해석하면 '저를 터치해주세요. 저는 HIV양성반응자입니다.'이다. 과거 HIV 양성반응 진단을 받은 남자는 육체적 고통보다 정신적 고통이 더 힘들다고 이야기한다. 에이즈는 악수나 포옹, 키스 등 일상생활의 접촉으로는 절대 감염되지 않는다. 하지만 사람들은 에이즈 환자를 기피하고 경멸한다.

말실수로 꼬인 관계, 어떻게 풀어야 할까?

이에 그는 자신의 에이즈 감염 사실을 공개하며 프리허그 이 벤트를 진행했다. 그는 두 팔을 벌리고 하염없이 누군가 다가와 주기를 기다렸다. 그때 수군거리는 시민들 사이로 한 여성이 그의 손을 잡아주었다. 그러자 다른 여성도 남자를 안아준 뒤 인사했다. 다음에는 어린 소년이 다가와 남자의 품에 와락 안겼다. 그가 에이즈에 감염되어 있음에도 사람들은 스스럼없이 다가와 위로해주었다. 남자는 결국 눈물을 흘렸고, 생각지도 못한 시민들의 따뜻한 시선에 감동했다.

거리 위에서 포옹으로 사람들에게 따뜻함을 전하는 프리허그는 보통 위로를 건네기 위해 시작되지만, 이처럼 힘든 시기를 겪고 있는 당사자 스스로가 위로를 받기 위해 시작하기도 한다. 단순히 포옹만으로도 위로가 될 수 있지만, 포옹을 통해 상대방이 느끼는 걱정과 고민, 스트레스를 여과 없이 있는 그대로 들어주고 공감해주는 게 프리허그의 취지다.

현대인은 자신의 잘난 부분이나 자랑거리는 잘 이야기하지만 정작 힘든 부분은 쉽게 털어놓지 못하는 경향이 있다. 마음속에 품은 허물을 드러냈을 때 상대방이 자신을 어떻게 생각할지 걱정도 되고, 또 자신이 너무 초라해지는 기분이 들기 때문이다. 좋은 분위기에서 갑자기 우울한 주제를 꺼내는 게 불편하기도 하다. 마음을 털어놓을 만한 편한 사람이 주변에 없는 것도 이유가 될 수 있고, 상대방의 이야기를 인내심 있게 끝까지 들어주기 위한 시간과 마음의 여유가 부족한 탓도 있다.

프리리스닝에
함께 동참하자

프리허그를 넘어 이제는 프리리스닝 캠페인에 동참하는 나라들이 많아지고 있다. 프리리스닝은 상대의 말에 귀를 기울임으로써 위로와 응원을 건네는 프로젝트다. 사춘기 딸과 다투어 속상한 엄마, 감옥에서 나와 현실이 막막한 남자, 가정불화로 습관적으로 자살을 시도하는 소녀, 아픈 남편을 걱정하며 병원에서 간호를 하는 아내 등 우리 주변에는 다양한 어려움을 겪으며 슬픔을 느끼고 절망하는 이웃들이 많다.

그들에게 아무도 관심을 두지 않을 때, 2012년 배우이자 연기교사인 미국의 벤자민 매서스Benjamin Mathes는 바쁜 일상에 쫓기

말실수로 꼬인 관계, 어떻게 풀어야 할까?

프리리스닝은 상대의 말에 귀를 기울임으로써
위로와 응원을 건네는 프로젝트다.

는 현대인들의 공허함을 채워주고 자존감도 회복시켜주자는 취지로 프리리스닝 캠페인을 시작했다. 현재 프리리스닝에 동참한 나라는 전 세계 50개 국가에 달한다. 이 캠페인에 참여한 이들은 소셜미디어로 서로 정보를 공유하며 활발히 활동하고 있다.

프리리스닝을 위해서는 중요한 규칙을 이해하고 적용해야 한다. 첫째, 질문은 말하는 이들의 이야기를 더 이끌어내기 위해서만 해야 한다. 둘째, 말하는 이들의 침묵도 존중해주어야 한다. 셋째, 말하는 이들에게 평가나 판단, 충고와 조언 등은 자제해야한다. 상대방의 진솔한 이야기를 듣고 마음으로 공감해주기 위해서는 3가지 사항을 반드시 지켜야 한다.

힘들게 속마음을 이야기했는데 그것에 대해 지적을 받으면 기분이 더 불쾌해지고 속마음을 털어놓은 걸 후회하게 된다. 바로 이러한 부분을 예방하기 위해서 프리리스닝 캠페인은 공감하는 자세의 중요성을 강조한다. 프리리스닝을 시도해보면 그동안 자신이 관계에서 오는 부담을 얼마나 크게 느꼈는지 깨닫게 되고, 그러한 부담을 내려놓고 사람 대 사람으로 만났을 때 얼마나 편안해지는지 알게 된다.

프리리스닝은 어렵지 않다. 제한 시간도 형식도 없이 있는 그대로 상대와 마주하고 웃음 짓고 끄덕이면서 들어주면 된다. 세상에 단 한 명이라도 온 마음을 다해 자신의 이야기를 들어주는 사람이 있다면 가슴이 뻥 뚫리는 것처럼 개운해지는 느낌을 받을 수 있다. 그렇게 웃을 수 있고 희망을 품고 온전히 살아갈 수 있는 힘을 얻게 된다.

누군가 자신의 말에 집중해주면 스스로의 존재와 가치가 상대에게 인정받는다는 느낌이 든다. 사람들과 만났을 때 당신도 누군가의 프리리스너가 되어 그들의 마음을 편안하게 하고, 아낌없이 위로와 응원의 말을 건네보자.

내 사람도 적으로 만드는 말실수

경청도 요령이
필요하다

상대방 쪽으로 고개와 몸이 향해 있는지, 눈을 마주치고 있는지, 호응을 하며 듣고 있는지 등 자신의 경청하는 자세를 세세하게 관찰하고 점검하자.

이청득심以聽得心이라는 말이 있다. 귀 기울여 경청하는 일이 사람의 마음을 얻는 최고의 지혜라는 뜻이다. "열 길 물속은 알아도 한 길 사람 속은 모른다."라는 말이 있다. 그만큼 사람의 마음속 내면을 온전히 알기란 어렵다는 뜻이다. 하지만 경청을 잘하면 상대방의 마음을 읽을 수 있게 되고, 더 나아가 상대방을 이해하고 공감하게 되면서 마음까지 얻을 수 있다. 경청을 잘하기 위해서는 주의를 기울여서 상대의 말과 행동에 집중해야 한다.

말실수로 꼬인 관계, 어떻게 풀어야 할까?

평상시 우리는 상대의 말을 얼마나 잘 경청하고 상대에게 반응하고 있는가? 가족과 있을 때, 친구와 있을 때, 비즈니스 상황에서, 면접 상황에서 등 여러 상황을 떠올려보자. 평소에 자신이 경청을 잘하고 있다고 생각해도 상대의 입장에서는 그렇지 않은 경우들이 의외로 많다.

듣기만 한다고
경청이 아니다

임신한 아내가 남편에게 아이의 태명을 무엇으로 할지, 또 자신이 생각한 이름은 무엇인지 하나씩 나열하며 설레는 마음으로 이야기하고 있다. 하지만 남편은 멀찌감치 소파에 누워서 "어, 괜찮네."라고 말하며 TV에서 시선을 떼지 않는다. 아내가 "여보, 내 말 듣고 있어?"라고 묻자 남편은 "응, 듣고 있어. 다 좋네. 당신이 좋은 것으로 정해."라고 답한다. 아내의 기분은 과연 어떨까? 설레던 마음은 온데간데없이 기운이 쭉 빠질 것이다. 남편이 묻는 말에 대답은 하고 있지만 마음이 다른 곳에 가 있어서 제대로 듣지 않는다고 느끼기 때문이다.

경청에도 요령이 필요하다. 어떻게 하면 제대로 들을 수 있고, 상대로 하여금 경청을 하고 있다고 느끼도록 할 수 있을까? 이 상황에서 남편은 아내가 하는 말에 관심을 가지고 집중하는 자세를 취해야 한다.

아내가 있는 쪽으로 다가와서 그녀의 배를 어루만지며 아기의 태동을 느껴보기도 하고, 귀를 대보고 들어보려는 행동을 해도 좋다. 이야기하는 아내의 얼굴을 바라보며 눈을 마주치고 미소를 지으며 호응을 한다. 감탄사를 이용해서 공감하는 말과 함께 아내가 한 말을 반복해 맞장구쳐준다. "아~ 바다! 이름 좋다. 어떻게 그런 생각을 했어?"라고 말하는 등 대화를 하는 내내 아내에게 집중하고, 아내가 하는 말에 귀 기울여서 함께 공감하는 말하기를 해보자. 그러면 남편이 대화를 주도하지 않아도 경청하는 자세 덕분에 아내는 더욱 기쁘고 든든한 마음으로 행복감을 느끼게 된다.

취업준비생 K군은 지원한 회사에서 1차 서류전형을 통과하고 2차로 면접전형을 앞두고 있다. 자기소개부터 면접자료 분석까지 만반의 준비를 마쳤다. 드디어 면접의 날, 면접은 그룹면접으로 4명씩 한 조가 되어 진행됐다. K군은 다른 3명의 지원자와 함께 면접 장소로 이동했다. 첫 번째 지원자인 K군은 준비한 자기소개를 실수 없이 마무리 지었다. 자기소개 후 이어지는 질문도 막힘없이 논리적으로 잘 답변했다.

이제 두 번째 지원자 L양의 순서가 되었고 질문이 주어졌다. 두 번째 지원자가 열심히 대답하고 있는데 한 면접관이 "K군은 방금 질문에 대해 어떻게 생각하십니까?"라고 물었다. K군은 깜짝 놀라서 당황한 표정을 감추지 못했다. 왜냐하면 두 번째 지원자에게 순서가 넘어가 '한고비 넘겼구나.'라고 안도하고 있었기 때문이다. 다른 면접자에게 질문을 시작하자 '어차피 내가 받은 질문도 아닌데 뭐.' 하는 안일한 생각으로 긴장이 풀렸다.

질문한 내용을 제대로 듣지 못했고, 어떤 답변을 해야 할지 생각도 나지 않았다. 면접관의 눈에는 K군의 그러한 모습들이 다 보였다. 경청의 유무는 사소해 보일 수 있지만 지원자를 판단하는 데 가장 중요한 근거가 된다. 경청을 잘할수록 기존의 직원들과 잘 융화되고 적응할 확률이 높기 때문이다. 4명의 지원자의 눈빛, 자세, 표정만 보아도 경청을 잘하고 있는지 그렇지 않은지

내 사람도 적으로 만드는 말실수

눈빛, 자세, 표정만 보아도 경청을 잘하고 있는지

그렇지 않은지 한눈에 파악이 된다.

한눈에 파악이 된다. K군은 경청하지 않는 모습 때문에 면접에서 감점을 받을 수밖에 없었다.

면접에서는 자신의 질문 순서가 아니어도 다른 지원자가 대답할 때 경청하는 모습이 매우 중요하다. 경청하는 지원자는 상대방 쪽으로 시선을 돌리고 고개를 끄덕이는 등의 행동을 취한다. 눈빛과 표정도 다르다. 진지하면서 공감하는 눈빛, 상황에 맞는 적절한 표정 등 한순간도 긴장을 놓지 않고 상대방에게 맞추며 경청하는 태도를 취한다.

경청을 잘하기 위한 요령을 숙지하고 계속 시도해보자. 상대와 대화를 나눌 때, 많은 사람들과 함께 회의를 할 때, 세미나에 참석했을 때, 가족들과 식사를 하고 이야기를 나눌 때 등 어떤 상황에서든 경청을 통해 대화의 흐름을 놓치지 않고 되새길 수 있다. 상대방의 이야기에 진심으로 관심을 보이고 있는지, 상대방 쪽으로 고개와 몸이 향해 있는지, 눈을 마주치고 있는지, 호응을 하며 듣고 있는지 등 자신의 경청하는 자세를 세세하게 관찰하고 점검하자. 그리고 잘 되지 않는 부분은 연습을 통해 습관을 들여야 한다.

잔소리 대신
기분 좋은 질문을 하라

잔소리는 상대를 지치게 하고 힘들게 만든다. 그래서 잔소리를 통해 잘못된 행동이 개선되기보다는 다툼으로 번질 때가 많다.

6세와 8세 자녀 둘을 둔 40대 가장 C부장은 모처럼 가족들과 저녁을 먹기 위해 일찍 퇴근했다. 한참 부모의 손길을 필요로 하는 아이들은 "와, 신난다! 내가 어제 일기에 아빠가 일찍 집에 왔으면 좋겠다고 썼어요!"라고 하며 C부장을 반겼다. C부장은 흐뭇한 미소로 첫째 아이를 바라보며 이렇게 말했다.

"그래, 오늘도 학교에서 열심히 배웠어? 선생님 말 잘 듣고 말썽 부리지 말고! 그리고 저번에 학원 빠졌지? 그렇게 학원 빠지면 안 돼요. 여보! 애 내일 학교 준비물 챙겼지? 숙제 안 해서 혼나게 하지 말고 밥 먹고 숙제 좀 봐줘."

첫째 아이에게 시작된 말은 어느덧 아내를 향한 잔소리로까지 이어졌다. 첫째 아이는 시무룩해졌고 저녁을 준비하던 아내의 입에서는 한숨이 나왔다. 요즘 C부장은 회사에서도 집에서도 이런 냉랭한 분위기를 여러 번 겪었다고 한다. 처음에는 무엇이 문제인지 몰랐지만 뒤늦게 자신의 잔소리가 문제란 걸 깨닫게 됐다.

월요일 아침은 바쁜 시간이다. 신입사원은 출근시간인 9시보다 1시간 일찍 도착해서 자리 주변을 정리하고 오늘 할 일을 점검했다. 주간회의자료를 다시 검토해서 출력까지 마쳤다. 그리고 팀장님의 자리에 부가적인 자료들과 함께 주간회의자료를 깔끔하게 올려놓았다. 이제 출근 10분 전, 팀장이 출근했다. 밝고 큰 목소리로 "안녕하십니까?" 인사를 한 순간 "오늘 아침에 회의자료 다 준비됐어? 저번에 지시한 건 어떻게 됐어?"라고 팀장이 따지듯 쏘아붙였다. 신입사원의 얼굴이 딱딱하게 굳었다. 일단 대답은 했지만 기분이 좋지만은 않았다.

관계를 망치는
잔소리

결혼 3개월차 J씨는 퇴근 후 집에 들어와 이불이 어지럽게 놓여 있는 모습을 발견했다. 깔끔하게 정리정돈을 잘하는 J씨와 달리 남편은 한꺼번에 몰아서 청소하고 치우는 스타일이었다. 항상 이런 부분에서 J씨는 스트레스를 받았다. 남편에게 고치라고 여러 번 이야기를 했는데도 다시 반복되니 화가 났다. 바로 남편에게 전화를 걸어 "내가 어제도 얘기했는데 오늘도 이불 정리 안 하고 간 거야?"라고 따졌다. 그런데 남편의 대답은 "이불 빨래 안 한 지 좀 된 것 같아서 빼놓은 거야."라고 했다. 순간 남편을 의심하고 불만을 토로했던 자신이 부끄러워졌다.

살면서 잔소리를 안 들어본 사람은 없을 것이다. 어렸을 때 가장 많이 들었던 잔소리는 "공부는 언제 할 거야?", "일찍 다녀라.", "방 좀 깨끗이 치워라." 등이었다. 그때마다 기분이 좋지 않았던 기억이 있다. 사춘기 시절이라 예민했던 탓도 있고, 이제 알아서 할 나이인데 자꾸 잔소리를 하니 더 이해가 되지 않았다.

말실수로 꼬인 관계, 어떻게 풀어야 할까?

하지만 시간이 흘러 자신도 모르게 누군가에게 잔소리를 할 때면 스스로 놀랄 때가 많다. 그토록 싫어했던 잔소리를 직접 하고 있으니 말이다. 우리는 왜 잔소리를 하게 되는 걸까?

잔소리를 하는 상대방은 자신과 상관없는 사람이 아니다. 가까운 가족, 회사의 동료, 친구 등 깊은 관계를 맺은 사람인 경우가 많다. 인생이라는 바다에서 그들과 함께 항해하고 목적지까지 안전하게 도착하기 위해서 어쩔 수 없이 책임감이 생기게 된다. 그래서 마음에 들지 않는 상황이 벌어지거나 생활을 하는 데 문제가 생기면 그냥 넘길 수 없다.

그런데 중요한 건 잔소리를 하면 할수록 상대방은 귀를 막는다는 사실이다. 특히 반복적인 잔소리는 상대를 지치게 하고 힘들게 만든다. 그래서 잔소리를 통해 잘못된 행동이 개선되기보다는 다툼으로 번질 때가 많다. 감정이 안 좋아져서 마주치지 않으려 노력하기도 하고, 문제가 되는 상황을 모면하기 위해 거짓말을 하기도 한다.

우리가 원하는 건 목적지까지 평화롭고 안전하게 도착하는 것이다. 하지만 잔소리는 오히려 관계만 악화시킨다. 또 잔소리가 심해지면 말실수로 이어질 때가 많다. 이제 잔소리가 아닌 상

중요한 건 잔소리를 들으면 들을수록
상대방은 귀를 막는다는 사실이다.

대를 춤추게 하는 기분 좋은 질문을 해보자. TV를 열심히 보고 있는 아이에게 "숙제했어?"라고 잔소리하는 대신 "어떤 거 보는 거야?"라고 관심을 가지고 질문하자. 그리고 즐겁게 이야기를 나누면서 스스로 만족하고 자발적으로 공부 계획을 세울 수 있도록 유도하면 아이는 스스로 생각하고 공부하는 아이로 성장할 수 있다.

마음에 들지 않는 모습을 보았을 때 이전의 상황과 연관을 지어서 지적하기보다 그럴 만한 이유가 있다는 생각을 가지고 질문해야 한다. "내가 어제도 얘기했는데 오늘도 이불 정리 안 하고 간 거야?" 대신 "이불이 여기 이렇게 있는데 혹시 무슨 이유가 있어?"라고 질문을 던지자.

아이든 어른이든 우리는 어떤 행동을 하기 전에 먼저 생각을 한다. 행동만 봐서는 그 사람의 내면의 생각까지 다 읽을 수 없다. 질문을 통해서 생각을 알 수 있고 서로의 다른 관점과 스타일을 이해할 수 있다. 잔소리가 아닌 질문을 통해 서로 단단하게 뭉칠 수 있고 신뢰하게 될 수 있다. 이런 신뢰감이 쌓여 서로를 올바른 방향으로 이끌고 성장할 수 있는 튼튼한 뿌리가 될 것이다.

망설이지 말고
당장 감사를 표현하라

감사는 우리의 몸과 마음을 최상으로 만들어주는 힘이 있다. 그래서 감사하는 마음을 지속적으로 훈련하고 실천하는 것이 중요하다.

나이가 들수록 대화가 즐거워진다. 사소한 일에도 표현을 많이 하면서 대화가 더 늘었다. 미용실에서 샴푸를 받을 때 시원해도 한마디도 하지 않은 적이 많았는데, 요즘은 꼭 "감사합니다. 정말 시원했어요!"라고 말한다. 음식점에서도 맛있게 식사를 하고 나올 때 꼭 "감사합니다. 맛있었어요!"라고 한다. 어디를 가나 감사할 일이 있으면 반드시 표현하려고 애쓴다.

강의할 기관에 도착해서 주차를 하려고 하는데 입구에 계신

말실수로 꼬인 관계, 어떻게 풀어야 할까?

주차요원이 친절하게 응대해주셨다. 그 덕분에 기분이 좋아지고 주차도 안전하게 할 수 있었다. 감사한 생각이 들어서 표현을 하고 싶은데 괜한 오지랖은 아닌지, 서로 바쁜데 굳이 그럴 필요가 있는지 잠시 망설여졌다. 그래도 표현하자고 마음먹었다. 마침 차에 있던 음료수가 생각나서 꺼내서 감사의 인사와 함께 드렸는데 매우 기뻐하는 모습을 보니 덩달아 신이 났다.

감사를 표현하면 자신도 상대방도 기분이 좋아진다. 얼마 전 필자가 운영하는 카페의 담당 슈퍼바이저가 바뀐다는 소식을 들었다. 슈퍼바이저로서 여러 가지로 애써주신 J과장님이 영업팀장으로 발령 나 떠난 것이다. J과장님은 담당하고 있던 지역의 모든 점주들에게 메시지로 마지막 인사를 남겼는데, 그 인사를 보니 그동안 감사했던 일들이 주마등처럼 스쳐지나갔다. 처음에는 물론 갈등도 있었고 의견 차이도 있었지만 서로의 스타일을 이해하고 조금씩 신뢰가 쌓이면서 이제는 많은 부분에서 의지하고 도움을 주고받는 관계가 됐다. 그래서 더욱 아쉽고 섭섭하고 그리울 것 같았다.

'많은 사람들에게 답장을 받고 전화가 오고 정신이 없으실 텐데 굳이 연락을 할 필요가 있을까?'라고 잠깐 고민도 했지만, 지

내 사람도 적으로 만드는 말실수

금 표현하지 않으면 두고두고 후회할 것 같았다. 바로 메시지로 답장을 보낸 뒤 마침 매장에 방문할 일이 있다고 해서 그때 꼭 만나자고 이야기를 나눴다. 이렇게라도 감사의 마음을 표현할 수 있어서 정말 다행이다 싶었다.

불안을 줄이는
감사의 힘

감사하는 마음은 우리를 행복하게 만드는 힘이 있다. 감사의 효과는 신경심장학을 통해 입증되었다. 심장과 뇌는 서로 밀접하게 정보를 교환하며 의사소통한다. 감정의 변화는 심장박동 수에 영향을 받는다. 심장박동과 감정은 밀접한 관련이 있으며, 우리의 심장박동 수를 가장 이상적으로 유지시켜주는 정서가 바로 '감사하는 마음'이란 사실이 실험을 통해 밝혀졌다.

안 좋은 일들, 힘든 상황을 겪고 있어도 '그럼에도 불구하고'라는 마음으로 감사할 일은 없는지 생각해보자. 늘 자신보다 더 힘든 일을 겪고 있는 사람들이 있고, 곰곰이 떠올려보면 항상 감

감사하는 마음은 우리를 행복하게 만드는 힘이 있다.
감사의 효과는 신경심장학을 통해 입증되었다.

사할 만한 일이 우리 주변에 있다.

심장박동 수는 분노를 느낄 때 매우 불규칙적이지만 감사하는 마음에 생각을 집중하면 규칙적으로 변한다. 감사를 통해 마음의 불안감을 해소할 수 있고, '그래도 다행이다.'라는 긍정적인 정서를 채울 수 있다.

감사는 우리의 몸과 마음을 최상으로 만들어주는 힘이 있다. 그래서 감사하는 마음을 지속적으로 훈련하고 실천하는 것이 중요하다. 오늘 있었던 감사할 만한 순간들을 떠올려서 잠자리에 들기 전에 감사일기를 적으면 큰 도움이 된다. 필자의 경우에는 아침에 일어나 집에서 나설 때, 운전하며 이동할 때, 저녁에 잠들기 전에 이렇게 하루에 3번 이상 감사하기 훈련을 실천하고 있다. 처음에는 하루 3번 이상 꼬박꼬박 규칙적으로 하지 못했지만 연습을 하면 할수록 진심으로 감사하게 되면서 설레는 마음이 들었다.

감사하는 마음을 갖게 되면 만나는 모든 사람들에게 긍정적인 감정을 갖게 되고, 자신에게 주어진 상황들이 다 고마운 기회로 느껴진다. SNS에 감사일기를 올리는 것도 큰 도움이 된다. 필자

말실수로 꼬인 관계, 어떻게 풀어야 할까?

의 감사의 글을 읽은 지인들이 댓글로 '감사릴레이'를 펼친 적이 있는데, 이렇게 감사가 퍼지면 모두에게 긍정적인 정서가 전달된다. 긍정적인 정서는 감정의 기복을 줄여주고, 감정의 기복이 줄어들면 말실수를 할 확률도 줄어든다. 더 이상 망설이지 말고 지금 당장 감사를 표현해보자.

자존감을 높이는
호칭의 힘

호칭만 바꿔도 자존감이 높아진다. 주변 사람들에게 힘이 될 수 있고 만족감을
줄 수 있는 호칭을 지금부터 사용해보자.

어느 날 어머니와 통화하는데 목소리가 어느 때보다 밝으셨다.
이유가 궁금했는데 대화를 하면서 실마리가 풀렸다. 이번에 어
머니가 계신 6인실에 새로이 간병을 담당해주실 여사님 두 분이
오셨는데, 방에 묵고 있는 환자들의 특성, 나이, 해당 병실이 그
동안 어떻게 운영되었는지에 대한 전반적인 설명을 어머니께서
해주셔서 방장이 되었다고 하셨다. 당시에는 이 나이에 무슨 방
장이냐고 거절하셨지만 사람들이 '방장님'이라고 불러주니 기

분이 좋아지셨다. 그동안 환자로서 많이 힘들어하셨는데 그 이후 활력도 찾으시고 주변 사람들도 챙기시게 되었다.

호칭은 자주 불리는 이름을 말한다. 우리가 어디에 있든 어떤 역할을 하든 사람들에게 자주 불리는 호칭이 있는데, 그 호칭이 마음에 들면 존중받는 느낌이 들고 자부심이 생긴다. 호칭을 통해 자존감이 높아지면서 일상에서도 좋은 시너지를 만들게 된다.

자존감이 높아야
말실수도 줄어든다

얼마 전 예능프로그램에 가수 빅뱅의 멤버 승리가 출연했다. 어머니로부터 전화가 와 통화를 했는데, 어머니는 승리에게 "네. 회장님!"이라고 답변을 하셨다. 승리가 진짜 회장님은 따로 계신데 자신이 무슨 회장님이냐며 놀라서 손사래를 치자 어머니는 "회장을 회장이라고 하지."라고 대수롭지 않게 말씀했다. 승리는 다양한 사업들을 성공적으로 추진하고 이끄는 모습으로 시청자들의 이목을 집중시켰는데, 그동안 TV를 통해 노출된 이미지보다 더 프로페셔널한 모습을 보여 감탄을 자아냈다. 어머니의 말씀처럼 회장님으로 불려도 충분하다는 생각이 들었다.

자신을 가장 잘 아는 가족에게 '회장님'과 같은 말을 들으면 그 어떤 호칭보다 가치 있게 느껴진다. 가장 가깝고 사랑하는 사람들에게 인정받은 것이기 때문이다. 누구나 인정받고 싶은 욕구가 있다. 매일 일하는 일터에서 직원에게, 매일 얼굴을 보는 가족에게 인정과 존중을 받으면 자존감이 높아질 수밖에 없다. 자존감이 높은 사람은 사소한 문제에 흔들려 쉽게 화를 내지 않는다. 그래서 감정에 휩쓸려 말실수하는 일도 적다.

세쌍둥이를 출산하고 산후조리를 하고 있는 A씨는 오늘도 매우 괴롭고 힘든 하루를 보내고 있다. 저체중으로 태어난 아이들을 보살피는 일도 일이지만 남편에게 받는 스트레스가 이만저만이 아니었다. 남편은 A씨의 힘든 부분은 생각하지도 않고 시부모님의 편만 들면서 무슨 말만 하면 '너는', '야'라는 말을 사용했다. 아이의 이름을 넣어 '○○엄마'도 좋고 아니면 자신의 이름을 부드럽게 불러줘도 좋으련만, 이런 호칭을 들을 때마다 피

말실수로 꼬인 관계, 어떻게 풀어야 할까?

자존감이 높은 사람은 사소한 문제에
흔들려 쉽게 화를 내지 않는다.

가 거꾸로 솟는 기분이었다.

호칭과 관련된 반대의 사례도 살펴보자. 청소 업체를 경영하는 N사장은 직원들이 고생은 고생대로 하는데 사회 인식이나 대우가 좋지 않아 힘들어한다는 이야기를 들었다. 어떻게 하면 직원들의 자존감을 높일 수 있을까 고민을 하다가 남다른 호칭을 만들기로 했다. 환경 미화를 담당하는 아주머니를 '사모님', 건물 경비를 담당하는 사람을 '선생님'으로 부르기로 한 것이다. 이처럼 호칭을 바꿔서 부르자 직원들은 자신이 존중받으며 일한다는 생각이 들어 자존감이 높아졌고, 더욱 최선을 다해 일하게 됐다. 자연스럽게 회사의 생산성도 향상되는 효과가 나타났다.

호칭만 바꿔도 상대의 기분을 좋게 만들 수 있고, 마음을 위로해 자존감을 높여줄 수 있다. 그동안 주변 사람들에게 어떤 호칭을 사용했는지 생각해보자. 어디를 가든 정중한 호칭을 사용하는 사람이 있는가 하면 그렇지 않은 사람도 있다. 택시를 탈 때 "아저씨! ○○역이요."라고 할 때와 "기사님, ○○역 부탁드립니다."라고 할 때를 비교해보면 서비스의 차이가 느껴질 것이

말실수로 꼬인 관계, 어떻게 풀어야 할까?

다. 또 여러분이 직원이라면 고객이 카운터에서 '실장님', '선생님'이라고 부를 때와 '저기'라고 부를 때 어떤 호칭이 더 기분이 좋을까? 자신도 모르게 무의식적으로 상대의 자존감을 낮추는 호칭을 사용하고 있지는 않은지 되돌아보자. 해당 호칭을 들었을 때 상대방이 어떤 느낌일지 입장을 바꿔서 생각해보는 게 중요하다.

호칭만 바꿔도 자존감이 높아진다. 상대방의 장점을 강조할 수 있는 호칭도 좋고, 그 사람이 듣고 싶은 호칭이 무엇인지 물어봐서 불러주는 것도 좋다. 주변 사람들에게 힘이 될 수 있고 만족감을 줄 수 있는 호칭을 지금부터 사용해보자.

말에도 여백이
필요하다

나무가 빽빽한 숲길을 걷고 있다고 생각해보자. 한 발짝 걸음을 옮기는 것조차 힘이 들 것이다. 하지만 나무와 나무 사이에 어느 정도 간격이 있어 빈 공간이 있다면 숲을 온전히 둘러보며 잠시 쉬어갈 수 있는 여유가 생긴다. 빈틈없이 색으로 가득 채운 서양화와 달리 동양화의 수묵화를 보면 그림이 그려져 있는 부분과 그려져 있지 않은 빈 공간이 뚜렷하게 구분되어 있다. 공간을 가득 채우지 않고 빈 공간이 많은 게 특징인데, 이것을 '여백의 미'라고 한다.

 여백을 통해 더욱 깊고 고요하게 잔잔한 감동을 줄 수 있다. 여백 없이 종이를 꽉 채우는 그림보다 이렇게 여백이 있는 그림이 표현하고자 하는 대상을 더욱 편안하게 감상할 수 있게 한다. 여백을 통해 아름다움의 가치를 만끽할 수 있다.

 여백은 비어 있는 공간이다. 휴식을 취할 수도 있고 즐거운 상상을 할 수 있는 안식처인 셈이다. KBS 예능프로그램 〈거기가 어딘데??〉에서는 출연자들이 오만의 아라비아사막을 탐험하는 모습이 방영됐다. 40도에 가까운 고온과 건조한 모래바람 때문에 한낮에는 걸음을 옮기는 것조차 힘들고 숨조차 쉽게 쉴 수 없는 환경이다. 그런데 그들의 목표는 무려 40km 떨어진 목적지까지 무사히 탐험을 마치는 것이다. 심지어 오로지 도보로만 이동해야 했다.

 멤버들이 건강하게, 안전하게 이동하기 위해서 가장 중요한 건 휴식이다. 언제 쉴 것인가, 어떻게 쉴 것인가에 대한 부분을 고민하고 끊임없이 전략을 짜는 탐험대장의 모습도 인상적이었다. 더 걷더라도 나무그늘이 있는 위치를 확인하고 행로를 수정한 덕분에 멤버들에게 시원한 휴식처를 제공하고 성공적으로 미션을 수행할 수 있었다.

말도 마찬가지다. 쉴 새 없이 나열하는 말은 말하는 사람도 듣는 상대방도 지치게 만든다. 그래서 말에도 여백이 필요하다. 여백이 주는 말의 효과 4가지를 기억하자. 첫째, 자신의 호흡을 가다듬을 수 있고 편안한 마음을 유지할 수 있다. 둘째, 여유 있게 상대방의 눈을 바라보면서 소통할 수 있다. 셋째, 말할 때 잔잔한 감동과 여운을 남길 수 있다. 넷째, 전달하고자 하는 메시지에 임팩트가 생기고 상대에게 더 잘 들리게 된다.

효과적으로 이야기하고자 하는 바를 전달하기 위해서는 말에 여백이 필요하다. 그렇다면 말에 어떻게 여백을 줄 수 있을까? 다음의 팁 3가지를 실천해보자.

1. 말의 빠르기를 한 템포 낮춘다.

말의 빠르기를 체크한다. 너무 빠르게 말하고 있지는 않은지, 성급하지는 않은지, 상대방은 고려하지 않고 혼자만 이야기하고 있지 않은지 점검해보는 것이다. 말하는 이는 심취해서 이야기하는데 정작 듣는 이는 혼자 벽을 보고 있는 고립감을 느끼는 경우가 많다. 운전할 때 과속을 하면 브레이크를 밟는 것처럼 말하는 속도가 빠르다면 마음을 가라앉히고 천천히 한 템포 낮춰보자.

2. 경청하고 있는 상대방의 반응에 집중한다.

말할 때 상대방의 반응은 어떠한지 표정과 눈빛, 제스처 등을 살펴보자. 그렇게 함으로써 원활한 의사소통이 가능하고, 상대방도 마음을 열 수 있고, 내면의 공감을 이끌어내 진정성 있게 소통할 수 있다.

3. 강조하는 메시지나 중요한 단어 앞에서는 1~2초 정도 멈춘다.

말할 때 너무 많은 단어들을 사용해 어떤 부분이 중요한지 알 수 없게 되는 경우가 있다. 또 단어들이 너무 빨리 지나가서 듣지 못하는 경우도 있다. 그래서 강조하고 싶은 메시지나 중요한 단어를 말하기 전에 의도적으로 1~2초 정도 멈추는 것도 좋은 방법이다. 여백을 준 다음 말을 하면 훨씬 임팩트가 생기고 머릿속에도 쉽게 각인된다. 상대방의 궁금증을 유발하면서 집중과 몰입도도 높일 수 있다. 실제로 미국의 전 대통령 버락 오바마Barack

Obama는 추모 연설 도중 51초 동안 침묵해 '국민과 감정으로 소통했다.'라는 평가를 받았다. 여백을 잘 활용해 자신의 메시지를 강조한 좋은 사례다.

1. 말실수 문장

#　여백 없이 급하게 말해서 생긴 말실수는 무엇인가요?

_____

_____

_____

2. 말실수가 나온 이유

#　쉴 새 없이 말을 나열한 이유는 무엇인가요?

_____

_____

_____

3. 앞으로 예방하기 위해 해야 할 일

#　말에 여백을 주기 위해 어떤 노력이 필요할까요?

_____

_____

_____

내 사람도 적으로 만드는 말실수

초판 1쇄 발행 2018년 7월 20일 | **초판 2쇄 발행** 2018년 8월 2일 | **지은이** 전창현
펴낸곳 원앤원북스 | **펴낸이** 오운영
경영총괄 박종명 | **편집** 이광민·최윤정·김효주
등록번호 제2018-000058호 | **등록일자** 2018년 1월 23일
주소 04091 서울시 마포구 토정로 222 한국출판콘텐츠센터 306호 (신수동)
전화 (02)719-7735 | **팩스** (02)719-7736 | **이메일** onobooks2018@naver.com
값 14,000원 | **ISBN** 979-11-89344-03-0 03190

이 도서의 국립중앙도서관 출판예정도서목록(CIP)은 서지정보유통지원시스템 홈페이지(http://seoji.nl.go.kr)와
국가자료공동목록시스템(http://seoji.nl.go.kr)에서 이용하실 수 있습니다.(CIP제어번호: CIP2018019889)